La Foi en Notre Liberté

10 Familles de réfugiés, 1 Femme déterminée et 1 Foi exceptionnelle

Des histoires vraies qui vous inspireront et inonderont votre coeur d'amour et de compassion.

Par:
ANGELIQUE PAPADELIAS

Remerciements

Je tiens à remercier les personnes exceptionnelles qui m'ont aidé à mener à bien ce projet. Sans l'apport de cette équipe de professionnels talentueux et dévoués du Canada à l'Australie, en passant par le Mexique, le Vénézuéla et l'Argentine, je n'aurais pu en arriver à un résultat aussi remarquable.

Jocelyne Légaré : c'est grâce à Jocelyne que je suis entrée en contact avec les enfants de plusieurs familles de réfugiés de la région. C'est également elle qui m'a introduite à Line Chaloux.

Valérie Leblanc : pour avoir organisé les rencontres initiales avec les familles de réfugiés et coordonné le travail des interprètes lors des interviews; ce qui m'a permis de poser toutes les questions que j'avais et de bien comprendre les récits.

Janot Bélanger : mon interprète principal du français vers l'anglais. Janot a investi beaucoup de temps du début à la fin de ce projet. Il m'a patiemment assistée durant plusieurs des longues entrevues avec Line et les réfugiés.

Roxanne Beaupré : elle a été mon interprète pour deux entrevues du français vers l'anglais.

Nathalie : elle a été mon interprète pour une entrevue de l'espagnol vers l'anglais.

Nirmala Bastola : elle m'a servi d'interprète pour une entrevue du népalais vers l'anglais.

Véronique Cyr : elle m'a servi d'interprète pour une entrevue du français vers l'anglais.

Stephanie McLean (Australie): Stephanie a effectué la révision complète de la version anglaise. Son expertise en révision, sa maîtrise exceptionnelle de la grammaire et ses habiletés de recherche ont permis d'apporter des précisions sur les faits réels relatés durant les entrevues.

Linda Cadieux: C'est son soutien moral constant qui m'a permis de continuer à faire avancer ce projet jusqu'à son aboutissement.

Annie Leroux : Annie a mis en évidence les réalisations de Line et insisté sur la nécessité de raconter son histoire, en reconnaissance de son travail exceptionnel au sein de la communauté de la région des Laurentides.

Lyon Leshley: Lyon offert rétroaction et du soutien à la version finale et formaté l'ebook à des fins d' édition et de marketing.

Les traducteurs

De l'anglais vers l'espagnol

Mirta Rodriguez: Mirta a contribué à la traduction vers le français du chapitre 11 de l'histoire de Line, et a traduit l'intégralité de la partie 3 (L'histoire de Line) vers l'espagnol. Une femme dévouée.

Adriana Herrera : Adriana a traduit le tiers du présent ouvrage.

Rocio Tamez : Rocio a non seulement traduit toute la première partie de l'ouvrage, mais également les chapitres cinq et quinze. Un effort fort louable.

Natalia Linares : Natalia a fait la traduction de l'une des histoires de réfugiés.

Maria Fikari : Maria a contribué à la traduction du texte de présentation de la couverture du livre

De l'anglais vers le français

Prudence Assogba: Prudence a traduit les chapitres 3 (première partie), 13 à 15 (troisième partie) et toute la deuxième partie du livre. Un travail d'une grande efficacité et d'un grand soutien.

Makraphone Phouttama: Makraphone a fait la traduction du début de la première section du livre, jusqu'à la fin du chapitre 1 à chapitre 5.

François Paradis: François a traduit le chapitre 4.

Myrlene Metellus: Myrlene a traduit le chapitre 2.

Anastasia Oikonomopoulou: Anastasia a contribué à la traduction du texte de présentation de la couverture du livre.

Bichara Coussa: Bichara a aidé a traduire la section de prolongation ajoutée à l'original.

Les réviseurs

Version espagnole

Rocio Tamez : Rocio a effectué la relecture et la révision complète de la version espagnole.

Version française

David Mendes da Silva : David a été responsable de la première révision de la première partie du livre, s'assurant que toutes les traductions étaient uniformes et fidèles à l'original. Il a aussi traduit le chapitre 16 et le contenu de la campagne promotionnelle. Un collaborateur d'un grand soutien.

Prudence Assogba : Prudence a effectué la dernière relecture de tout le livre.

Denis Cyr: Denis nous a assisté pour quelques vérifications grammaticales finales.

Lyne Rochon: Lyne a completé la lecture d'épreuve finale.

À chacun de vous, je souhaite le meilleur, du plus profond de mon cœur. Merci de votre gentillesse, de votre générosité et de votre engagement en vue de la réalisation de ce projet. Sans votre talent, vos connaissances et vos efforts incroyables, j'aurais difficilement pu mener ce projet à terme et dans un délai raisonnable. C'est un honneur pour moi d'avoir travaillé avec vous et de vous avoir

—

comptés dans mon équipe. Bravo!

L'équipe de promotion pour la levée de fonds

Paul Leiba, Annie Guillemette, Sihem Oka, Véronique Cyr, Santa Maya Sharma, Véronique Beaulieu, Line Chaloux et M. Jonas : merci de votre collaboration pour la conception des vidéos pour la campagne de levée de fonds.

Je remercie tous ceux qui ont généreusement contribué à la campagne de levée de fonds, que ce soit en parlant du projet à vos connaissances ou en faisant des dons en argent. C'est grâce à vous que nous en sommes arrivés ici. Merci de votre aide précieuse !

Donateurs :
Gianpietro Tiberio, Helen Syrmalis, Christine Galanopoulos, Paul Leiba, Denis Cyr, Julian Galea, Virginia Villar, Eva Psaltis, Angie Karipidis, Patty Apostolidis, Louis Cadieux, Greek Refugee Forum, Katie Lowden, Maria Papas, Monique Cyr- Laframboise, Ghislaine Cyr, Linda Cadieux, Joseph Malouf, Joanna Mangos, Anthony et Emma Colfelt, Rachel Bower, Cristina Carvana, Kelly Whalen, Jeff Collins, Stéphanie Lagradelle, Rhonda Yim, Effie Mahanidis, Nicole Borzelleca, Mari-Luis Agius, Melanie Coombs, Lesley Kelman Koeppel, Irene Papadelias,Renee Sotile, Nia Angeles, Maria Longo, Amanda Hale, Tess Cassar, Leah Stylianou – Karlis, Natasha Sotirios, Angie Karipidis, Vicki Fassoulis Bruneau, Sophie Lajoie et Gina Tapinos Atcheson.

TABLE DES MATIÈRES

Remerciements

Prologue

Prologue

Au cours de ma vie, le hasard m'a fait rencontrer des personnes qui se donnaient sans compter pour les autres. Leurs actions m'émerveillent et me renversent au point où j'en viens parfois à m'arrêter pour prendre le temps de penser à eux. Si une seule personne peut accomplir autant en l'espace d'une vie, j'imagine à quel point le monde serait différent si chaque être humain savait dès l'enfance la raison de son existence sur terre.

En fait, chacun semble être maître de son propre destin. L'attention qu'un individu porte à lui-même, à sa spiritualité, à son moi intérieur et à son entourage déterminera la façon dont il traversera l'océan de la vie, et le rythme de croisière qu'il adoptera vers sa quête existentielle.

Pour ma part, j'ai décidé de vouer ma vie à donner une voix aux gens. C'est pourquoi j'écris, je réalise des films et je prends le temps de parler aux gens. Je veux partager leurs expériences de vie. Je n'ai pas peur de voyager, de m'installer à l'étranger, de faire des rencontres, de nouer de nouvelles amitiés, d'expérimenter ou de me retrouver seule avec moi-même. Au contraire, ces expériences me permettent d'explorer de nouvelles cultures et façons de penser, d'écouter différents points de vue sur la vie. Je peux alors remettre en question tout ce que l'on m'a appris à croire depuis l'enfance et finir par ne retenir que ce qui correspond véritablement à mes valeurs profondes. J'essaie d'aborder la vie de façon saine, c'est-à-dire avec ouverture d'esprit. Ainsi, je pourrai découvrir l'univers tel qu'il est, puis l'intérioriser.

Je suis consciente que pour certains, la vie est difficile ; chaque jour est un nouveau combat. L'intensité de ces combats dépend du vécu de chaque individu, de sa préparation et de sa détermination à s'offrir l'avenir rêvé. Au contraire, d'autres n'ont connu qu'amour, compassion et compréhension. Vivre de grandes épreuves reste un concept plutôt vague pour eux. Mais peu importe nos origines et les conditions dans lesquelles nous avons grandi, l'essentiel repose dans notre attitude envers les autres, dans notre acceptation de nous-mêmes et dans notre capacité à ouvrir notre cœur au monde pour lui transmettre un message d'amour. Car l'amour triomphe de la guerre.

Même le plus redoutable des ennemis sera vaincu par un cœur rempli d'amour. Chacun de nous a la capacité de ressentir et d'incarner ce noble sentiment ; il suffit de laisser sa lumière inonder notre cœur.

À mon arrivée au Canada, je me demandais quel sort me réservaient les forces de l'univers en m'envoyant au pays de l'hiver éternel et du froid cinglant. Même si toute ma famille est d'origine Grecque et a immigré en Australie, je suis née et grandi sur la côte New South Wales. Je n'ai jamais joué dans la neige ou fait de bonhomme de neige. Enfant, je passais la majeure partie de l'année sur la plage, à construire des châteaux de sable et à nager dans l'océan, savourant le contact avec l'eau salée et les chauds rayons du soleil. Même si je travaillais dur dans l'entreprise familiale, je suis reconnaissante à la vie d'avoir vu le jour et grandi en Australie, dans un univers douillet et confortable.

L'éducation et la connaissance sont les clés pour débuter les changements. J'ai un Bac en éducation pour enfants et adultes. J'ai eu la chance d'enseigner en Australie et aux îles Fidji, et récemment je me suis portée volontaire pour aider et enseigner aux enfants des réfugiés du Québec, au Canada.

Mon expérience d'enseignante aux îles Fidji m'a appris comment adapter mes leçons dans un environnement pauvre et être flexible dans un milieu avec peu de ressources. Tous les enfants sont beaux, leur innocence me facisne. Quand nous donnons de l'éducation aux enfants, nous investissons dans un futur meilleur pour les communautés mondiales.

À travers mon expérience policière j'ai été exposée à plusieurs cas qui m'ont ouvert les yeux sur l'atrocité qui se produit dans la société. L'impact aux victimes souffrant de maladie mentale, violence conjugale ou voies de fait, m'ont fait réaliser la signification de toutes les protections de la loi et leurs effets quand ils sont appliqués.

Ainsi, ma formation dans l'analyse criminelle et du renseignement stratégique (CASIC), m'aidait à progresser. J'étais exposée à plusieurs hauts niveaux de criminalité, tel que le trafic humain, le trafic de drogues ainsi des situations de meurtres. J'ai suis allée

—

visiter un centre de détention pour réfugiés et j'étais informée sur les circonstances dont font face les refugiés et immigrants quand ils arrivent dans des communautés locales ou font face aux autorités locales pour la première fois (telle la police). Le monde policier a eu un impact significatif de la façon dont je vois le monde où nous vivons et la complexité a considérer de faire des chargements qui touchent la vie du peuple.

À 30 ans, j'ai senti un profond changement en moi. Mais il a fallu quelques années avant que ces sentiments et ces impressions ne se concrétisent en actions. En 2011, j'ai changé de carrière afin d'explorer mon côté créatif. Après avoir terminé une production et direction d'un film, j'ai été sélectionnée dans le régime "Emerging Producers Scheme" avec une association australienne "Screen Producers Association of Australia" (SPAA) et à partir de là, on m'a accordé une position dans un programme de bourses d'études à Sydney pour étudier "Multi Platform and Transmedia Producing". Une fois mes études terminées, j'ai mis en place une entreprise appelée Little Screen Big Screen pour montrer mon travail créatif. Ce changement a guidé ma prochaine décision. Arrivée à un carrefour de ma vie, j'avais le choix de faire du surplace, de rester dans ma zone de confort et de vivre une existence banale, mais heureuse. Où encore, je pouvais choisir de faire bouger les choses, de dire adieu au confort ; de partir à la découverte du monde et de me laisser emporter par le tourbillon de la nouveauté.

Au départ, je ne pensais pas au Canada. J'ai quitté l'Australie pour New York. L'univers new-yorkais était tellement différent de ce que j'avais connu jusqu'alors. Au fil du temps, j'ai appris à aimer ce que cette ville avait à offrir, à apprécier son aura de dynamisme et de magnétisme caractéristique. Enthousiasmée par la ville en perpétuel mouvement, j'ai compris que je désirais donner une nouvelle direction à ma vie. C'est à New York que j'ai compris que je voulais dédier ma vie à donner une voix aux autres.

En octobre 2012, lors du passage de l'ouragan Sandy dans l'État de New York, j'ai fait face à ma phobie des désastres naturels : je me suis mise sur la route et j'ai affronté l'ouragan. En me laissant prendre par la tempête, j'ai surmonté mes peurs. Et en surmontant mes peurs, le but de mon existence m'a paru de plus en plus clair.

Cette catastrophe naturelle m'a amenée à m'impliquer dans plusieurs organismes de bienfaisance. Ma tâche consistait à distribuer des biens et des vivres à des gens dans le besoin. Chaque instant où j'ai pu apporter mon aide a été enrichissant pour moi et je n'en retiens que de doux souvenirs. Les gens m'ouvraient leur porte, puis ils finissaient par m'ouvrir leur âme en me racontant leur histoire. Je les écoutais religieusement me parler des épreuves douloureuses surmontées, des pertes souffrantes. Ils me confiaient leurs besoins, leurs craintes face à la vie. Ces moments d'une rare authenticité m'ont inspiré *Foreign Eye in the Storm*, un documentaire sur leurs histoires qui, par ailleurs, a reçu un bon accueil aux festivals du film à New York et au New Jersey. Ce documentaire était ma façon de contribuer à leur cause, de soulager ces personnes qui avaient besoin de parler à quelqu'un de leur terrible situation. J'allais vers eux pour les aider, mais ce sont eux qui m'ont aidée.

À la même époque, un homme m'a demandé d'écrire sa biographie. J'ai passé beaucoup de temps avec lui à l'écouter me raconter sa vie, pendant que j'enregistrais nos entretiens et tentais de cerner les différentes facettes de sa personnalité. Il désirait plus que tout communiquer son histoire au reste du monde, et je l'ai interprété comme un signe du destin qui m'encourageait à aller de l'avant. J'ai donc foncé dans cette nouvelle entreprise. J'ai vécu cette année comme la traversée d'une route cahoteuse où j'ai appris à développer patience, endurance et concentration soutenue. Ce fut une période éprouvante, mais intéressante. Je savais que les expériences et leçons apprises au cours de cette traversée du désert n'étaient que les prémices d'un long et formidable voyage.

C'est aussi à New York que j'ai rencontré l'amour de ma vie, la personne pour laquelle j'ai déménagé au Canada. J'ai eu une profonde connexion avec Saint-Sauveur, un village pittoresque situé au nord de Montréal. Après quelque temps dans la région, nous avons célébré notre mariage. J'avais très peu d'amis dans la région, je ne parlais pas le moindre mot de français et j'étais effroyablement éloignée de tous ceux qui comptaient pour moi : ma famille, mes amis de longue date, Charlie mon petit chien… Ils se trouvaient à l'autre bout du monde mais, malgré tout, je sentais que ma place était ici, à Piedmont.

Une fois bien installée, j'ai fait la rencontre de personnes très intéressantes. L'une d'elles travaillait comme enseignante. Elle me raconta avoir aidé de nombreux enfants de familles de réfugiés à s'intégrer dans les écoles canadiennes. En mon for intérieur, j'ai ressenti le besoin irrépressible de rencontrer ces enfants. Pour quelle raison ? Je l'ignorais, mais je savais qu'il le fallait.

Je suis donc allée visiter ces enfants à l'école. Ils m'ont accueillie les yeux souriants et remplis d'espoir. La plupart d'entre eux ne comprenaient rien de mon anglais mais, en vérité, les mots étaient inutiles. Je me souviens en particulier d'un garçon de Colombie et d'une petite Africaine, de leur visage. Leur regard contenait à lui seul tout un univers d'histoires à explorer.

Quelque temps plus tard, j'ai rencontré une femme absolument extraordinaire : Line Chaloux. Line est la fondatrice d'un organisme d'accueil pour les immigrants et réfugiés dans les Laurentides. Notre complicité a été immédiate. J'ai eu l'impression de retrouver une sœur chérie dont j'aurais été séparée à l'enfance. Notre rencontre fait partie des plus beaux cadeaux que la vie m'ait offerts. Auparavant, j'avais déjà eu l'occasion de discuter avec les habitants du coin, et aucun ne tarissait d'éloges au sujet de Line. Tous se demandaient comment elle réussissait à mener à bien tous les projets qu'elle entreprenait. Ce portrait m'intriguait. J'avais besoin d'en savoir plus sur elle, de comprendre comment une femme pouvait, à elle seule, être l'instigatrice d'autant de changements au sein de sa communauté.

Chaque instant passé en compagnie de Line me rappelait ces moments durant mon enfance où je rencontrais un enseignant doué ou que je découvrais une actrice au talent exceptionnel. J'étais suspendue à ses lèvres. Ses paroles et ses expériences me remuaient profondément. En l'écoutant, j'essayais de me représenter le chemin qu'elle avait parcouru jusqu'à devenir celle qu'elle était aujourd'hui. Son anglais était limité mais grâce à Janot et à ses talents d'interprète, j'ai pu la comprendre parfaitement. Line entretenait un grand amour pour l'humanité, lequel transparaissait avec évidence à travers nos discussions. Il n'était pas difficile de comprendre les raisons de son succès, ainsi que ce qui faisait d'elle une femme d'exception. Je la voyais comme un ange venu sur terre pour aider les autres. En fait, le sang du clan amérindien de la Tortue coulait dans ses veines et inspirait ses actions. Peut-être était-ce son lien spirituel avec la nature qui rendait cette femme incroyable si patiente et dévouée à la cause des réfugiés ayant fui l'horreur en quête de liberté.

À la même époque, une autre personne me demanda d'écrire sa biographie. Cela m'amena à aller au Mexique et je suis ressortie de ce périple totalement transformée au plan spirituel. De retour au Canada, mes idées s'étaient cristallisées. Je savais exactement quel sens donner à ma vie : je voulais écrire des histoires qui contiendraient de profonds messages d'amour, de paix et de compassion, pour soi-même comme pour les autres. Ces messages devraient inspirer mes lecteurs, les inciter à chercher la lumière et l'amour au plus profond d'eux-mêmes. Plus question de mettre ma plume au service d'individus qui manquaient de sincérité.

Pendant les premières semaines ayant suivi mon retour du Mexique, j'ai rencontré les familles de réfugiés, accompagnée de la très dévouée Valérie. Motivée et inspirée, je cherchais constamment à rencontrer plus de familles, car je voulais écrire l'histoire de leur vie. J'en ai rencontré dix : du Kosovo, de la Colombie, du Bhoutan et de l'Afrique. Je pensais avoir déjà une bonne idée de leurs angoisses et de leurs préoccupations liées à l'immigration mais, j'étais loin d'être préparée à l'ampleur de la misère qu'ils avaient connue.

La plupart d'entre nous sommes pris dans le drame de nos propres vies, à tenter de surmonter ce que l'on voit comme de grandes épreuves. Et nous oublions la chance que nous avons d'avoir grandi dans des pays développés, dans le confort et l'abondance de nourriture et de biens matériels. L'éducation, le support de l'État et les soins de santé sont des droits acquis. Moi-même issue d'un tel milieu, j'ignorais le problème mondial des réfugiés et les épreuves terribles vécues par des millions d'êtres humains au quotidien. En Australie, j'ai déjà servi dans la police, dans l'état du New South Wales pendant huit ans et sur une base quotidienne j'ai été exposée à la souffrance, mais cela n'est rien comparativement aux difficultés confrontées des réfugiés.

Le meilleur cadeau que je puisse offrir à ces immigrants est de rendre leur histoire accessible à l'échelle mondiale. Ces récits, quoiqu'empreints de douleurs et de souffrances, prouvent qu'avec de la détermination et une foi inébranlable, tout est possible.

C'est un honneur pour moi de présenter cet ouvrage. Je tiens à remercier Line et toutes les familles de réfugiés qui m'ont donné la permission de partager leur histoire. J'espère sincèrement que ces récits encourageront des gens de partout dans le monde à ouvrir leur cœur aux réfugiés, à les accueillir dans leurs pays, leurs régions et leurs communautés. Ces gens ont besoin d'aide pour s'intégrer et pour s'adapter aux coutumes locales. Ils doivent sentir que leurs différences enrichissent la vie de leur société d'accueil. Il faut faire preuve d'amour et de compassion, et ouvrir notre cœur à ces familles et à leurs innocents enfants. Surtout, il ne faut jamais oublier les raisons pour lesquelles ils se retrouvent parmi nous.

Avertissement: Certains noms de réfugiés ont été modifiés pour des fins de sécurité. Je suis restée fidèle à la version des histoires qui m'ont été racontées par chacune des familles. Dans certaines sections, les récits de certains événements (et leurs causes) diffèrent des références historiques trouvées dans d'autres sources. Cependant, ce sont leurs histoires, basées sur la façon dont ils se souviennent des événements au moment où ils les racontent. Beaucoup de réfugiés doivent fuir à un très jeune âge et ce sont les souvenirs qu'ils ont gardés des événements qui les accompagnent tout au long de leur vie.

PREMIÈRE PARTIE
HISTOIRES DE RÉFUGIÉS I

Chapitre I

Histoire de Lachu Man, réfugié bhoutanais

Je m'appelle Lachu Man. Je suis né en 1982 à Gopini, au Bhoutan, dans le district de Tsirang, autrefois appelé Chirang. Je suis le cadet d'une famille de quatre garçons tous nés à deux ans d'intervalle. Nous vivions en région rurale dans le sud du Bhoutan où nous jouissions du plus doux climat du pays, et tous participaient à la production maraîchère sur le domaine familial.

En 1990, la situation s'est soudain détériorée pour les Lhotsampa, « le peuple du sud », soit les Bhoutanais de descendance népalaise. Je n'avais alors que huit ans donc mes souvenirs sont vagues. Le roi a ordonné l'interdiction de parler le népalais et l'a banni des écoles en tant que langue d'enseignement. Le port du costume traditionnel bhoutanais dans les lieux publics a aussi été imposé. Des aînés de la communauté Lhotsampa, que nous connaissions, sont allés devant les autorités locales pour défendre notre culture et notre religion. Ils revendiquaient notre droit à pratiquer nos traditions culturelles. Des gens se sont regroupés et sont allés plaider notre cause directement au gouvernement. Des manifestations anti-gouvernementales ont été organisées. En vain.

Nous vivions dans le sud du Bhoutan. Des nouvelles inquiétantes nous parvenaient de l'ouest sur le sort réservé aux Lhotsampa. L'armée sillonnait le pays d'ouest en est en passant par les villages, à la recherche des opposants. Ceux qui se faisaient prendre étaient tués ou battus et emprisonnés. Les fillettes de dix et onze ans étaient systématiquement violées avant d'être libérées. L'armée, très puissante, cherchait à nous chasser hors du pays. Nous avons été dépouillés de notre liberté culturelle et du droit d'appeler le Bhoutan notre pays. En fait, il était devenu soudainement très dangereux d'y vivre. Pour le bien de la famille, mon père a donc décidé qu'il fallait quitter le Bhoutan pour éviter la persécution.

Nous sommes partis en emportant les maigres économies de mon père. Pendant deux jours, nous avons marché jusqu'à la frontière de l'Inde sans eau ni nourriture. De nombreuses autres familles avaient fui en même temps que nous et aucune de ces personnes n'avait idée de ce qu'il adviendrait de nous. Nous nous sentions abandonnés à notre sort.

Une fois la frontière traversée, mon père a payé un camionneur qui nous a conduits à Morang, un camp de réfugiés temporaire au Népal. Par la suite, nous avons été assignés au camp de Sanischare, l'un des sept camps permanents de Morang (en plus de Beldangi 1, Beldangi 2, Beldangi 3, Goldhap, Khudunabari et Timai). Quelque 100 000 réfugiés bhoutanais d'origine népalaise s'entassaient dans ces camps.

Emplacement des camps

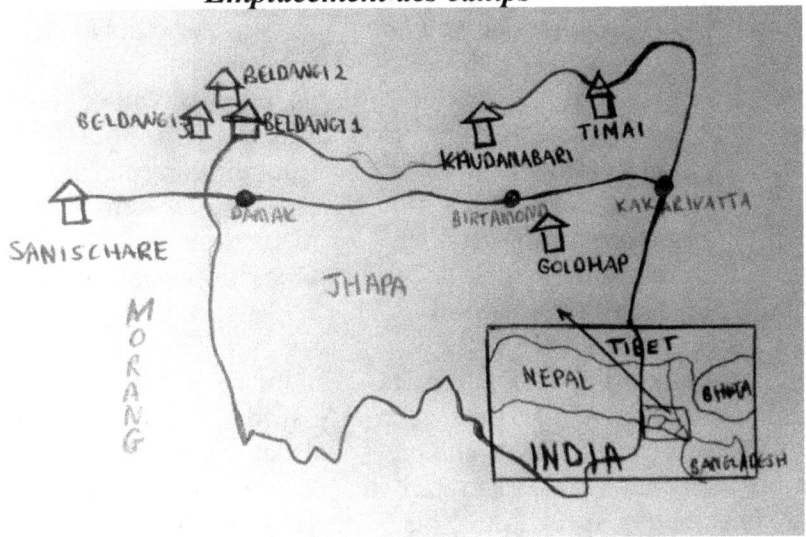

Comme tous nouveaux arrivants, nous avons reçu des tiges de bambou, une toile de plastique et quelques outils pour se fabriquer un abri. Mes frères aînés ont aidé mon père à construire le nôtre des plus rudimentaires.

J'ai souvent vu mes parents pleurer et nous, les enfants, joignions souvent nos larmes aux leurs. Ils étaient complètement dévastés d'avoir perdu le fruit des efforts de toute une vie. Nous avions tout laissé derrière nous et ne possédions plus rien : ni vêtements, ni même les biens de première nécessité.

Beaucoup de gens sont morts dans les camps dû au manque de nourriture et au changement drastique de climat. Il faisait très chaud au Népal, ce à quoi nous n'étions pas habitués. Mais il a bien fallu nous y faire.

Concernant la vie au camp, un véhicule muni de haut-parleurs circulait dans le campement pour nous annoncer les plus récentes nouvelles. Aussi, il n'existait pas de règles officielles de savoir-vivre, mais comme tout le monde vivait sa peine, les lieux demeuraient calmes et paisibles. Personne ne volait, ni ne se disputait. Au fil du temps, les gens ont commencé à exercer des métiers. Certains fabriquaient même des objets destinés à être vendus. Nous ne pouvions pas aller chercher du travail à l'extérieur, tout comme les étrangers ne pouvaient pas pénétrer dans le camp.

Bien qu'il fût interdit de sortir du camp pour travailler, en 1992, nous avons été autorisés à aller jusqu'au fleuve pour nous y baigner ou y laver nos vêtements. Celui-ci se trouvait à trente minutes de marche des installations, mais mon frère aîné avait déniché un vélo que j'empruntais pour m'y rendre. Nos excursions au fleuve avaient lieu à différents moments de la journée, dépendamment de la quantité d'eau disponible au camp.

La distribution d'eau potable était organisée selon des secteurs définis, allant de A à L. Le secteur A était divisé en sous-secteurs : A1, A2, A3 et A4. Dans chaque sous-secteur se trouvaient deux pompes distributrices. L'eau était disponible trois fois par jour, et pour une heure à chaque fois. Chaque famille envoyait deux membres qui attendraient en file pour remplir leurs seaux d'eau. Le temps d'attente allait d'une demi-heure à une heure, matin, midi et soir. Il était parfois difficile de se procurer de l'eau parce que les files étaient longues et, par conséquent, l'heure de distribution pouvait s'être écoulée avant que notre tour n'arrive.

L'eau servait à la cuisson des repas. Lorsqu'il en restait, nous pouvions nous en servir pour faire notre toilette sous notre abri. Parfois, les responsables du camp décidaient de laver les installations où se trouvaient les pompes à eau, ce qui nous obligeait à nous déplacer vers d'autres sous-secteurs. La quantité d'eau suffisait rarement et, dans ce cas, nous n'avions d'autre choix que de nous diriger vers le fleuve.

Je me rappelle aussi que, par temps pluvieux et venteux, la pluie s'infiltrait dans notre abri, trempant nos lits. Impossible de dormir, tellement tout était imbibé d'eau. Lorsque le vent s'engouffrait et décollait la feuille de plastique installée sur notre toit, nous n'avions pas la force d'aller à l'école le lendemain, par manque de sommeil. Quels moments difficiles. Quand la pluie avait cessé, il fallait faire sécher les lits. Les responsables du camp nous donnaient de nouvelles tiges de bambou et toiles en plastique, et mon père et mes frères construisaient de nouveau un abri. Cela demandait de deux à trois jours.

Nous étions comme des poissons survivant tant bien que mal hors de l'eau. Cette période fut la plus difficile de notre vie.

Le camp de réfugié comprenait une école et un petit hôpital. Celui-ci était très rudimentaire et il y manquait constamment de médecins, de nourriture et d'eau. En ce qui concerne l'école, dès que j'ai commencé à la fréquenter, mon moral s'est amélioré. Apprendre de nouvelles choses me distrayait. J'ai aussi commencé à me faire de nouveaux amis, un changement des plus bienvenus.

Des représentants des Nations Unies circulaient en camion dans le campement pour distribuer des vivres comme du riz, de l'huile, des oignons, des citrouilles, des piments, des lentilles et des bananes. Pour le reste, chacun décidait s'il dépensait ou non ses quelques sous, gagnés en effectuant de menus travaux, pour de la viande ou d'autres légumes. Il était interdit de se procurer de la nourriture en dehors du camp, alors nous acceptions tout ce qui nous était donné. Lorsque l'eau manquait, il était impossible de faire cuire du riz. Cette situation nous laissait affamés et entraînait des carences alimentaires. En plus, cela nous empêchait d'être concentrés à l'école tellement nous souffrions d'avoir le ventre vide. Ce n'est que des années plus tard que les Nations Unies ont commencé à distribuer le petit déjeuner à l'école. Il était préparé dans une cuisinette et je le décrirais, au mieux, comme une bouillie à base de poudre de blé.

Notre vie à l'époque me fait penser à celle d'un chameau dans le désert. Il survit sans nourriture grâce à l'eau transportée dans son dos … mais dans notre cas, l'eau manquait, trop souvent.

Pour assurer un revenu à la famille, mon père s'est improvisé pasteur. Il rendait visite aux autres réfugiés de confession hindoue, comme nous, pour lire et prier avec eux. En retour, il recevait un petit montant avec lequel nous achetions de la nourriture.

Pendant ce temps, le gouvernement népalais continuait à faire des rencontres avec le roi du Bhoutan afin de négocier les conditions de notre retour. Sans succès.

Avant la fin de l'an 2000, l'interdiction de quitter les camps a été levée, mais pas celle de chercher du travail à l'extérieur. Mon oncle a tenté de contourner les règles, mais il s'est fait attraper et jeter en prison pendant six mois.

Au fil du temps, mes frères ont tous finis par se marier. Ils ont alors construit leurs propres abris pour y élever leurs familles. Pour ma part, j'ai continué à étudier. Je me souviens d'un enseignant qui nous disait qu'un jour, nous pourrions retourner dans notre pays pour y recommencer notre vie. Il nous communiquait le courage nécessaire pour espérer une vie meilleure pour nous-mêmes. Il nous répétait constamment que surmonter toutes ces épreuves nous mènerait vers la réussite, et que l'éducation nous conduirait vers la richesse et une position sociale enviable. Bien que tous les enseignants vivaient au camp et connaissaient les mêmes conditions de vie misérables que nous, cet enseignant m'a semblé le plus inspirant de tous.

Les enseignants organisaient aussi des activités éducatives et des festivals. Nous avons donc assisté à des pièces de théâtre et chanté avec les comédiens. Mon ami Krishna, attiré par le chant et l'écriture de chansons et de poèmes, aimait prendre part à ces événements. Son amitié m'était précieuse. J'apprenais beaucoup des activités scolaires, mais aussi des autres élèves.

En 2000, il a été annoncé que les étudiants en 11ème et 12ème classe pouvaient suivre une formation de six mois en informatique. Les cours se donnaient au village. Je venais tout juste de terminer la 10ème classe et j'étais donc admissible. Je marchais jusqu'au village avec mes amis pour suivre les cours cinq jours par semaine, de 13h à 14h. La vue des ordinateurs nous rendait euphoriques. Il était aussi très agréable de rencontrer des Népalais en-dehors du camp, même s'ils avaient tendance à nous intimider et à nous mépriser. « Dehors, les Bhoutanais ! », répétaient-ils. En fait, les réfugiés risquaient de se faire battre par les Népalais du coin s'ils s'aventuraient seuls dehors durant la nuit.

À la fin de la 12ème classe, les étudiants pouvaient devenir tuteurs pour les plus jeunes, ce que j'ai fait. J'étais payé environ deux mille roupies par mois, l'équivalent de 24 à 26 dollars canadiens. C'est le seul emploi que j'ai occupé au camp de réfugiés.

Lorsque j'avais économisé assez d'argent, je sortais du camp avec mes amis et nous allions au cinéma du village. Grâce aux annonces dans les haut-parleurs, nous connaissions d'avance les films à l'affiche. À vingt roupies la soirée, un gros montant pour nous, nous n'allions au cinéma que deux fois par année. Le trajet prenait une heure, mais l'expérience en valait la peine. J'y allais en compagnie de mes meilleurs amis, Madan Giri et Krishna, lorsque nous pouvions nous le permettre. Nous étudions toujours ensemble avant la sortie. Je me souviens qu'un jour, nous avons regardé un film népalais intitulé *Dignity*, je crois. Ces films nous ont beaucoup instruits. Nous y avons vu les gens se respecter ou coopérer ailleurs dans le monde, et différentes manifestations d'affection entre parents et enfants. Nous avons appris la façon de travailler sur notre vie dans le but de l'améliorer. Il nous arrivait aussi de regarder des documentaires inspirés d'histoires d'amour, tout simplement.

Le cinéma présentait souvent des films de Bollywood avec des chansons, de la danse et des histoires d'amour, mais aussi, parfois, des films d'action. L'immeuble pouvait contenir environ 500 personnes qui s'entassaient sur les chaises de plastique ou de bois. Sur le chemin du retour, mes amis et moi prenions plaisir à discuter et à critiquer le film dans ses moindres détails. Nos sorties au cinéma étant très espacées, le film restait imprégné longtemps dans nos esprits.

En plus de mes amis, il y avait aussi une fille dont j'étais proche à l'école. En fait, j'étais convaincu qu'elle deviendrait ma femme et je la voyais donc comme une amie « spéciale ». Nous sommes allés quelques fois au cinéma. Je me souviens que nous avons regardé *Darpan Chaya* ou, en anglais, *The illusory Mirror* (Le miroir des illusions). C'était mon film préféré, car on y abordait les thèmes de la famille, de l'amour et de l'éducation. Encore aujourd'hui, ce film est considéré comme l'un des meilleurs films népalais ayant généré le plus de recettes.

Je suis tombé amoureux de cette fille. À 21 ans, je lui ai envoyé de nombreuses lettres d'amour. Après les première et deuxième lettres, elle ne voulait toujours rien savoir de moi. À la troisième, elle a accepté de passer plus de temps en ma compagnie pour apprendre à mieux me connaître. C'est ainsi qu'elle a développé des sentiments amoureux pour moi, puis a fini par accepter de devenir mon épouse. Je suis allé à sa hutte accompagné de mon père pour rencontrer le sien et lui demander la main de sa fille. La réponse s'est fait attendre quelques jours, mais j'ai finalement eu son accord.

Dans la culture népalaise, il existe la coutume la dot : lorsqu'un homme demande une femme en mariage, il lui est permis d'exiger un bien matériel comme, par exemple, une motocyclette. Cette coutume était cependant inutile au camp puisque personne ne possédait quoi que ce soit.

Cette période fut vraiment réjouissante. Mon père nous a donné le peu d'argent épargné de ses lectures et prières et nous sommes allés au marché acheter la tunique traditionnelle de la mariée, un magnifique sari rouge orné de perles. Pour ma part, je portais un pardessus noir et des pantalons. Notre mariage fut célébré le 1er janvier 2005. Ce fut un modeste mais charmant mariage agrémenté d'un orchestre. Par la suite, ma femme est venue nous rejoindre dans l'humble demeure familiale et a pris mon nom de famille.

Ma famille et moi au mariage

Avant la fin de l'année, notre premier fils est né. Bien que sa venue fut réjouissante, élever un enfant au camp était toute une épreuve à cause de la rareté de la nourriture. Les responsables des Nations

Unies fournissaient la nourriture pour bébés, mais il était difficile d'obtenir le reste des choses essentielles pour un nouveau-né.

En 2007, un moustique m'a piqué et j'ai contracté la malaria. Je suis tombé très malade ; je faisais beaucoup de fièvre et j'avais mal aux muscles et aux os. Au début, ma femme prenait soin de moi mais lorsque les tremblements et la fièvre ont augmenté, elle m'a emmené à l'hôpital. J'ai reçu un vaccin plutôt efficace qui m'a remis en santé.

Ensuite, c'est ma mère qui a attrapé la tuberculose. Je me rappelle de son piètre état, alors que le sang coulait de sa bouche et qu'elle trempait dans sa sueur à cause de la fièvre. Il fallait souvent la porter à l'hôpital d'urgence, mais nous n'étions pas assez forts pour la transporter. Mes amis Madan Giri et Krishna venaient alors en renfort. Nous la mettions sur un vélo et la roulions ainsi jusqu'à l'hôpital. Si personne n'était disponible, ma femme m'aidait à la transporter. Durant les six mois de son traitement, le port du masque était obligatoire pour l'approcher. Dieu soit loué, nous n'avons pas eu à payer de médicaments lors de cette période difficile.

Ma femme et moi parlions parfois de retourner au Bhoutan, mais nous savions que c'était impossible. Nous ne voulions plus rester au camp. Nous désirions une vie meilleure et un avenir meilleur pour notre famille. Il faut dire que peu avant 2008, il fut autorisé de travailler à l'extérieur du camp. Pourtant, bien que j'aie terminé la 12ème classe, il m'était impossible de devenir fonctionnaire. Le gouvernement népalais refusait les réfugiés aux postes d'importance et c'est ce qui nous a convaincus de partir.

Depuis 2007, les réfugiés avaient la permission d'émigrer. Nous avons pris le temps de bien réfléchir à notre futur pays d'accueil. Nous recherchions un pays paisible au climat frais, de préférence, qui nous rappellerait le Bhoutan. C'est ainsi que nous avons déposé une demande pour le Canada à l'Organisation internationale pour les migrations.

Bien que la demande de ma belle-famille pour les États-Unis ait été acceptée, mon épouse et moi avons gardé notre choix du Canada. Ma femme s'est sentie bien seule après le départ de ses proches, mais il lui restait notre petite et heureuse famille. Nous avons reçu nos visas pour le Canada et, peu après, mes parents, un de mes frères et ma famille immédiate nous accompagnaient dans l'autobus en direction de l'aéroport. Une série de vols devaient ensuite nous mener à Montréal.

Nous étions à la fois tristes et heureux de quitter le Népal. Nous laissions derrière nos familles, amis, voisins et parenté, mais nous pourrions enfin offrir une vie meilleure à notre famille. Au merveilleux pays du Canada, nous connaîtrions la liberté, l'égalité et la sécurité. Les possibilités semblaient infinies.

Mes frères sont arrivés un an plus tard. Depuis, nous nous rassemblons pour les fêtes et les occasions spéciales. Nous sommes tous très heureux.

Apprendre le français a été difficile, mais pas impossible. Je suis aussi allé terminer mon secondaire 1 à l'école pour adultes. Par la suite, j'ai reçu une subvention gouvernementale pour de la formation professionnelle. Je suis maintenant assistant-chef. Un jour, j'aimerais fonder ma propre entreprise; je travaille fort pour atteindre ce but. Entretemps, ma femme a donné naissance à notre deuxième fils. C'est très différent de mettre au monde et d'élever un enfant au Canada.

Notre projet est d'économiser pour aller visiter la famille de mon épouse aux États-Unis. Mais avant, il faudra réussir l'examen de citoyenneté canadienne. Quand je me remémore nos conditions de vie au Bhoutan et au Népal, je suis reconnaissant de la belle vie et de la liberté et qui sont les nôtres, désormais.

Je suis arrivé au camp de réfugiés à 8 ans. J'y ai vécu pendant 20 ans. Aujourd'hui, j'ai 32 ans ; ma femme en a 31. Nous sommes libres, et nous avons hâte de voir ce que la vie nous réserve.

Chapitre II

Histoire d'un réfugié de la RDC

Je me prénomme Abebe et je suis venu au monde dans le village de Kabare, situé dans la province du Nord-Kivu dans la partie orientale de la République Démocratique du Congo, mieux connue sous le nom de RDC. Je suis né à l'hôpital public régional dont les ressources étaient limitées, mais qui comprenait une maternité parfaitement adéquate. Mon père avait deux épouses. L'une de ses épouses a donné naissance à deux enfants et ma mère en a eu sept. Tous sont nés en RDC. Deux des filles de ma mère ont péri d'une maladie à un jeune âge et l'un de mes frères est décédé il y a quelques années d'une infection à la jambe. Il n'y a plus que mes trois frères et moi. Ils vivent toujours en RDC. Je ne leur ressemble pas parce que j'ai le teint plus foncé, mon visage et mon nez sont plus fins que les leurs. Mes frères ont hérité du nez épaté du peuple Bantu qui est apparenté à la tribu des Bashi dont nous faisons partie.

Je suis venu au monde en 1964, peu de temps après la fin de la guerre d'indépendance du Congo belge. Cette période foisonnait de tant de problèmes politiques portant à confusion que c'en était un véritable casse-tête. L'époque de ma naissance a chevauché la prise de pouvoir, en 1965, du président Mobutu à titre de dirigeant de notre pays. L'endroit où nous vivions connut une paix relative à ce moment-là.

En 1967, alors que j'avais trois ans, mon père tomba gravement malade et mourut. Cette période de ma vie est floue, mais en prenant de l'âge je me suis souvenu de tout l'amour et du respect que je portais à ma mère qui nous élevait seule et jouait le rôle du père et de la mère.

Mon frère aîné aidait parfois ma mère en l'aidant avec certaines formalités telles que notre inscription à l'école. J'aimais l'école, j'avais soif d'apprendre et c'était toujours un plaisir d'y aller.

À l'âge de six ans, j'ai attrapé la rougeole. Mon corps était couvert de plaques et le virus affecta mon œil droit. Il se mit à gonfler rapidement et on me transporta à l'hôpital régional, mais il n'y avait ni le personnel médical, ni l'équipement nécessaire pour me soigner. Ma mère m'emmena alors à l'hôpital de Bukavu.

Nous y avions trouvé une équipe de médecins Belges qui y étaient affectés. Parmi eux se trouvaient des spécialistes de la vue. Ils nous ont indiqué qu'ils devaient enlever mon globe oculaire qui avait tellement grossi qu'il débordait de son orbite. J'ai fait contre mauvaise fortune bon cœur et consenti à l'opération. Je me souviens du masque posé sur mon visage, puis de la perte de conscience qui s'ensuivit. Tout cela fut une expérience très étrange pour moi, surtout à ce jeune âge.

On me transportait sur une civière vers ma chambre lorsque je me réveillai. Je me remis plutôt bien et les deux semaines suivantes furent entrecoupées par les visites quotidiennes des médecins qui s'informaient de mes progrès. J'ai été vraiment soulagé que la douleur disparaisse et que mon œil soit guéri.

En dépit de cette opération, j'avais gardé la réputation du meilleur étudiant de ma classe. J'étais toujours au premier rang, malgré la perte de mon œil.

Ma mère et moi nous entendions merveilleusement bien. Elle prenait soin de nous et la table était toujours mise à l'heure des repas. Mon frère aîné rencontra une femme qu'il épousa. Elle est vint habiter avec nous mais la cohabitation fut difficile. Mon père nous avait légué un lopin de terre sur lequel s'érigeaient trois maisons. Mon frère et son épouse partageaient l'une d'elles avec ma mère. Mes frères et moi partagions les deux autres et il nous arrivait parfois de dormir tous dans le même lit.

Ma belle-sœur n'était pas heureuse dans notre foyer et les relations étaient tendues. C'était particulièrement épineux pour mon frère qui prenait le parti de sa femme et cela compliquait la situation pour ma mère.

Par contre, l'harmonie régnait entre les autres membres de la famille. Je me souviens encore de mes fous rires aux histoires que ma mère nous racontait, lorsque mon frère et sa femme s'absentaient. Des histoires sur son enfance et le regard qu'elle portait sur la vie. Nous

---

étions une famille chrétienne. Notre maman nous avait enseigné les bonnes manières et l'importance d'une bonne éducation. Tout comme elle, je crois que l'éducation débute à la maison. En éduquant nos enfants nous éduquons un pays, car nous éduquons ses citoyens et tout ce savoir se transmet de par le monde. Si le monde est rempli de criminels, c'est parce qu'à la base ils n'ont pas reçu une bonne éducation dans leur structure familiale. Il faut s'assurer de gérer les situations qui se présentent quotidiennement au sein de la famille.

Je n'ai pas connu de femmes durant mon adolescence. Je n'ai donc, pas rencontré l'amour. Je ne consommais pas d'alcool et je menais une vie rangée. J'ai toujours craint que l'alcool et la promiscuité me fassent contracter une maladie, ce que je voulais éviter à tout prix.

Mes frères et moi partagions de nombreux repas et un soir, lors de l'un de ces fréquents repas en famille, ma mère m'a raconté un récit afin de m'aider à trouver une épouse. Elle m'a expliqué qu'il était très important de rencontrer une femme de haute taille, comme elle l'était. Selon elle, une petite femme me rendrait malheureux, car elle serait incapable de m'épauler pleinement. Elle m'a donné l'exemple d'un homme qui voulait que son épouse allume sa pipe. Une petite femme ne serait franchement pas à la hauteur de la tâche. Deux époux doivent donc être de la même taille s'ils veulent s'entraider. Aux yeux de ma mère, si une femme ne peut seconder son mari, elle développera un complexe. Elle était convaincue que les gens de petite taille étaient complexés et que cela les incitait à la méchanceté. J'ai grandi avec les histoires de ma mère et je me remémore le plaisir que j'éprouvais à écouter ses théories et la teneur sacrée de ces moments de partage.

Elle n'a pas voulu se remarier préférant se consacrer à s'occuper de nous et à être présente pour nous. Son amour pour nous était admirable.

Les années ont passé et j'ai poursuivi mes études. En 1982, âgé de 18 ans, j'ai quitté mon village pour la ville de Bukavu située dans la province du Sud-Kivu. Je désirais poursuivre mes études universitaires afin d'obtenir un diplôme en administration des affaires. J'étais également intéressé par l'enseignement. J'ai donc entrepris conjointement des études dans ces deux domaines. Je me suis installé dans une maison et j'allais à l'église tous les dimanches.

Quelques années plus tard, j'ai terminé mes études, mais trouver un emploi dans mon domaine en RDC était difficile. Il m'arrivait parfois d'occuper des emplois dans d'autres régions afin de subvenir à mes besoins. J'ai dû faire ceci pendant plusieurs années.

À l'âge de 33 ans, je me souviens de mes visites dominicales à l'église et de cette fille que j'y voyais. J'en suis tombé amoureux. J'entretenais de bonnes relations avec les pasteurs et je leur ai parlé d'elle. Dans notre religion, si un homme est attiré par une femme, il ne doit pas l'approcher et lui professer son amour. Il doit passer par l'entremise du pasteur. La raison en était fort simple; si l'un de nos frères en Christ avait démontré de l'intérêt envers elle cela pourrait créer une situation potentiellement conflictuelle. Les pasteurs cherchaient à éviter la discorde. Ils demandaient aux membres de la congrégation de passer par eux pour parler aux épouses potentielles. Quand j'ai parlé au pasteur pour la première fois je lui ai dit: « Vous voyez cette femme, je désire lui parler et je l'aime. » Je suis rentré chez moi en attendant impatiemment leur réponse. J'ai même appelé ma mère pour en discuter avec elle. Trois semaines plus tard, le pasteur m'a dit que je pouvais finalement lui adresser la parole. C'était merveilleux de pouvoir enfin la rencontrer.

Je lui ai écrit une lettre lui avouant mon amour et dans laquelle je lui ai fait savoir que si ses sentiments n'étaient pas réciproques, elle n'avait pas à accepter ma demande en mariage. Heureusement, elle a accepté et six mois plus tard, en mai 1996, nous étions unis par les liens du mariage. Elle était belle et ma mère était heureuse, car elle était grande.

Nous avons célébré en grand à l'église de Bukavu. La cérémonie, comprenant les prières et la messe, a débuté à neuf heures et s'est terminée trois heures plus tard. Après le service, nous avons parcouru 25 kilomètres afin de nous rendre dans mon village natal où nous attendait un grand festin. Mes frères nous ont offert beaucoup de cadeaux. C'était un moment d'allégresse. Nous sommes demeurés au village pendant deux mois afin que ma nouvelle épouse et moi puissions séjourner quelque temps avec ma famille et développer de bonnes relations avec tous.

Lorsque nous avons quitté le village, pour retourner à Bukavu, ma femme était enceinte. À cette même époque, le premier conflit d'une longue série éclata. Nous vivions dans la terreur. La guerre avait atteint nos portes et nous avons décidé de quitter Bukavu afin de retourner dans mon village natal. Nous avons placé nos maigres possessions sur nos têtes et nous avons fui précipitamment. Nous avons couvert une distance de 25 kilomètres en courant. Des femmes, des hommes et des enfants fuyaient dans toutes les directions. Les cadavres de gens abattus s'empilaient autour de nous. Nous grimpions par-dessus les monceaux de cadavres afin de nous échapper le plus rapidement possible. Mon épouse souffrait le martyre, et, peu de temps après, elle fit une fausse couche. Dès notre arrivée à Kabare, nous nous sommes installés pour deux mois afin que mon épouse puisse se remettre. Nous avons prié pour que Dieu soit avec elle et qu'elle guérisse.

Beaucoup de citadins avaient fui la ville et étaient revenus au village, mais la guerre ne nous oublia pas pour longtemps. Pour échapper aux hostilités, nous sommes retournés à Bukavu. Ma femme était enceinte à nouveau. Nous avons retrouvé notre foyer et j'ai trouvé un emploi dans la région. Neuf mois plus tard, on est venu m'annoncer au travail que mon épouse était en train d'accoucher à l'hôpital. Je me suis empressé de me rendre à ses côtés. Voir notre premier enfant a été une expérience unique. Je me suis senti privilégié d'être assez digne de recevoir cette grâce. Quand j'ai vu ma petite fille, je l'ai embrassée tendrement. Ma femme et moi nous sommes étreints et nous avons remercié le Seigneur de cette bénédiction. Nous étions si heureux.

Le lendemain, nous avons quitté l'hôpital afin de célébrer l'arrivée d'une nouvelle vie dans notre famille. Lorsqu'il y a une naissance, nous célébrons le nouveau-né en invitant notre famille, nos amis et nos voisins aux réjouissances. Toute la famille s'est déplacée et nous a offert des cadeaux tels que : de l'argent, du riz, du sucre, des savons et des vêtements pour le bébé. Nous avons mangé et dansé toute la journée.

Peu de temps après la naissance de notre fille, ma femme s'est de nouveau retrouvée enceinte. Il fallait que j'augmente mes revenus pour subvenir aux besoins de ma famille en pleine croissance. J'ai occupé de petits emplois, mais le système gouvernemental n'était pas fiable en matière de rémunération de ses employés. J'ai donc dû m'éloigner pour trouver du travail. C'était difficile, car mon épouse était seule à s'occuper de notre fille pendant sa grossesse.

On m'a offert un emploi situé à 500 kilomètres de chez moi, dans la ville de Moba, dans un organisme à but non lucratif à titre de comptable. J'ai dû y aller en avion, car il n'y avait pas de routes praticables pour s'y rendre. Peu importe où j'allais, je devais prendre l'avion.

J'aimais travailler à Moba. Je m'étais fait des amis au travail et à l'église. Je parlais à ma femme aussi souvent que possible. Malheureusement, la guerre avait atteint notre ville et les moyens de communication étaient limités. J'ai tout de même reçu la nouvelle de la naissance de ma seconde fille et j'étais tellement heureux. J'ai voulu me précipiter aux côtés de ma femme et de mes deux filles, mais avec les rues pleines de soldats et les troubles civils, prendre la fuite aurait été dangereux.

Malgré tout, j'ai pris la décision de partir et j'ai été arrêté par des soldats m'accusant d'être Rwandais. Je leur dis que j'étais Congolais et que mon apparence pouvait prêter à confusion. Ils ne m'ont pas cru, mais mon ami les a convaincus de mes origines et du fait que ma famille faisait partie d'une des tribus locales de mon village natal de Kabare. Ils m'ont laissé partir, mais je savais maintenant que je courais un danger parce que mon visage ressemblait à celui d'un Rwandais.

Les conflits armés qui faisaient rage au Congo étaient d'origine rwandaise. Bien que ce soit tout un casse-tête, je vais tenter de vous expliquer le plus simplement possible les dangers que j'encourrais à cause de ma physionomie. La source du conflit découlait de la lutte pour le pouvoir au Rwanda que menaient des tribus rivales.

La société rwandaise est formée de trois groupes ethniques distincts : les Hutus, les Tutsis et les Twa qui sont ennemis jurés et qui tentent de s'exterminer par le génocide, chaque groupe espérant prendre le pouvoir. Cela fait des décennies que cette guerre perdure.

Avant 1960, un chef tribal tutsi a été le premier à gouverner le Rwanda qui était toujours sous la tutelle coloniale belge. Les groupes ethniques hutus étaient déterminés à mettre fin au règne belge. Ils ont initié une guerre d'indépendance qui a entraîné un véritable génocide durant lequel les Hutus ont tué beaucoup de membres de la tribu des Tutsis. Ceci a engendré un exode vers les pays voisins et a permis à un Hutu de prendre la présidence.

Les soldats tutsis exilés avaient formé une milice connue sous le nom d'*Inyenzi* ayant lancé des attaques surprises en territoire rwandais à partir des pays adjacents. Leurs victoires ont amené différents présidents au pouvoir au fil des ans. Le président Paul Kagamé de la tribu des tutsis a pris le pouvoir au Rwanda en 1994. Au même moment, beaucoup de soldats hutus ont fui leur pays pour se réfugier aux abords de Bukavu et Goma dans la RDC. Ils vivaient dans la jungle et ils ont accumulé des richesses en exploitant les mines congolaises.

Selon moi, les minorités tutsies semblaient avoir les choses bien en main. Mais elles étaient préoccupées au plus haut point par les représailles éventuelles et soudaines des Hutus et étaient donc déterminées à localiser, puis exterminer les soldats rebelles hutus en RDC. Ainsi, les Tutsis se sont frayé un chemin aux abords de la frontière de la RDC formée par la rivière Rusizi. Leur guide était un personnage congolais influent, du nom de Kabila. Les Tutsis étaient persuadés que s'ils aidaient Kabila à renverser le président Mobutu de la RDC, Kabila, en contrepartie, leur permettrait d'établir leur autorité en RDC et d'éliminer un plus grand nombre de soldats Hutus connus sous le nom *d'Interahamwe*.

Leur plan a marché à merveille. À leur arrivée en RDC, le président Mobutu a fui le pays n'ayant pas les ressources nécessaires pour combattre, ce qui a permis au président Kabila de prendre le pouvoir. Une fois au pouvoir, Kabila a ordonné aux soldats rwandais de quitter son pays. Les Tutsis étaient furieux. Kabila était revenu sur sa promesse, le pouvoir attendu leur avait été refusé. Le prochain conflit armé a éclaté entre Kabila et les Tutsis du Rwanda. Conséquemment, tous les soldats rwandais découverts par les soldats congolais étaient soit arrêtés, soit tués.

Il y avait tellement de conflits et la situation politique était si compliquée que, pour la comprendre, il faut examiner le problème globalement. Je pense que si les soldats rwandais avaient pu rentrer chez eux paisiblement, les problèmes en RDC auraient été résolus. Une intervention musclée de l'ONU alliée à celle d'autres pays travaillant vers un processus de paix aurait été nécessaire afin de trouver une solution harmonieuse à cette épouvantable situation.

Pendant trois mois, je n'ai pas pu retourner à Bukavu pour voir ma nouvelle petite fille. La guerre sans trêves et ma physionomie rwandaise rendaient l'expédition dangereuse. J'ai été soulagé lorsque je les ai toutes retrouvées en bonne santé, mais je ne pouvais pas m'attarder. La guerre nous encerclait et j'étais en danger. Ma femme ne courait pas les mêmes risques que moi, du moins localement. Elle avait des traits typiquement congolais contrairement à moi. Je lui ai proposé de partir avec moi, mais elle avait notre bébé et notre fille âgée d'à peine un an. Elle a rétorqué : « Si je dois mourir, je mourrai. Je ne peux pas partir.» La guerre avait tué environ dix millions de personnes durant toutes ces années. C'était une époque dangereuse pour tous.

Mon emploi à Moba m'avait permis de faire des économies et elles m'ont servi pour mon exil. J'avais bon espoir que mon épouse et mes enfants me rejoindraient plus tard. Bukavu est l'une des villes frontalières de la RDC, séparée du Rwanda par la rivière Ruzizi. Il y avait beaucoup de gens qui fuyaient la guerre. Les gardes voyaient les gens fuir, mais étaient incapables de les arrêter. Si j'avais été un soldat, ils m'auraient arrêté pour connaître ma destination. Mais, ils laissaient passer les civils. J'ai facilement traversé la rivière avec l'aide d'un passeur et de son radeau de bambou africain. De l'autre côté de la rive, j'ai utilisé mon argent pour payer ma place dans un autobus en direction de la frontière, au nord-est à Cyangugu. Six heures plus tard, l'autobus a atteint Kigali, la capitale du Rwanda. J'y suis arrivé en 1999.

Mon éducation m'a servi judicieusement et j'ai rapidement su quoi faire. J'ai contacté les membres de la congrégation de mon église et je les ai mis au courant de ma situation. Ils m'ont accueilli dans leur foyer afin que je puisse me remettre. Ils m'ont accordé leur hospitalité pendant six mois. Ma famille me manquait, je me suis assuré de leur envoyer des lettres par personne interposée. Ces lettres leur précisaient où j'étais afin que mon épouse et mes filles puissent me rejoindre. Nous avons été réunis en l'an 2000. Quel bonheur que de me retrouver avec ma famille.

Je me suis inscrit aux Nations Unies et je leur ai expliqué ma situation. Dès 2003, ils m'ont accordé le statut de réfugié. Mon dossier était particulier étant donné ma physionomie distincte. Je remplissais les critères pour la relocalisation.

J'ai postulé pour des emplois reliés à mes domaines d'études et j'ai obtenu un emploi d'enseignant. Mon salaire était suffisant pour subvenir à nos besoins. Je n'ai pas eu besoin de l'aide des Nations Unies, excepté pour des médicaments pour les enfants lorsqu'ils étaient malades. Nous n'habitions pas au camp de réfugiés car mon salaire nous permettait de nous établir dans une maison. Je pouvais payer le loyer et notre nourriture et nous vivions en tant que réfugiés urbains. Si je n'avais pas eu un emploi, nous aurions été forcés d'habiter dans le camp de réfugiés. Nous étions privilégiés. Le camp situé au Rwanda accueillait environ 72 000 réfugiés congolais à cette époque. Ma fille aînée a commencé l'école et j'ai continué à travailler à titre d'enseignant. Mon épouse et moi avons tenté d'agrandir notre famille, mais elle a subi quatre fausses couches en trois ans. J'ai prié pour la venue d'un petit garçon. En Afrique, nous croyons qu'il est important d'avoir des enfants des deux sexes afin que nos enfants soient différents. N'avoir que des enfants du même sexe n'est pas souhaitable pour une famille. Ma femme a été enceinte de nouveau et elle a mis au monde notre premier petit garçon à Kigali. Je l'ai nommé Ashuza, qui veut dire : Dieu répond. J'étais tellement heureux d'avoir un fils. Nous avons continué sur notre lancée et nous sommes devenus parents d'un autre petit garçon en moins d'un an. Sept ans plus tard nous avons accueilli notre petit dernier. Nous avons cinq enfants et j'apprécie les moments que je partage avec eux.

Ma femme élevait les enfants pendant que je travaillais. Il n'y avait que quelques écoles dans notre secteur, mais j'ai trouvé le moyen de nous assurer un revenu supplémentaire en enseignant dans deux écoles. Il y avait cours pendant cinq jours habituellement, mes fils allaient à l'école primaire le matin et mes filles allaient à l'école secondaire l'après-midi. Il n'y avait pas assez de salles de classe pour enseigner le niveau primaire et secondaire en même temps. J'enseignais au secondaire. Mon épouse était merveilleuse – nos repas nous attendaient à notre arrivée. Nous aimions manger en famille et ça me rappelait les moments passés avec ma mère au Congo.

J'ai continué à faire des demandes pour venir au Canada, par l'entremise des Nations Unies. Bien que nous ayons trouvé un foyer, nous vivions toujours dans la crainte. Certains groupes à l'extérieur du Rwanda tentaient toujours de renverser le gouvernement en place. Notre situation pouvait changer à tout moment.

En 2012, j'ai reçu un appel de mon frère m'annonçant la mort de ma mère. En moins d'un jour, elle est tombée malade puis est décédée. Elle était âgée de 82 ans. J'ai trouvé cela très difficile d'être aussi loin d'elle. J'ai beaucoup pleuré en apprenant cette triste nouvelle. Ma petite famille et moi avons fait notre deuil et j'ai finalement accepté cette épreuve.

Ma foi ne prône pas la prière des défunts, puisque la personne n'est plus vraiment là. Nous devons prier de notre vivant, pendant que Dieu est avec nous et qu'il puisse intervenir dans nos vies, ici et maintenant. Je crois en la résurrection. Après la résurrection, nous aurons une nouvelle vie sur la terre. Notre foi éternelle en Dieu résoudra les problèmes auxquels le monde fait face. Les politiciens ne peuvent pas apporter l'amour et la paix au monde, puisqu'ils n'ont que des intérêts purement politiques. Dieu sera l'instrument de la paix et non pas l'humanité. Je crois que nous pouvons vivre dans un monde où règne l'harmonie et je sais que ça se produira.

Nous avons finalement reçu notre réponse. Le Canada avait accepté notre demande. La veille de notre départ, mon fils Ashuza m'a fait part de son rêve où il montait pour la première fois dans un avion. Il était tout excité. Toute la famille était enthousiasmée par notre nouvelle vie promettant de meilleures opportunités et de meilleurs soins de santé. Ce nouveau foyer était pour nous un endroit paisible où je ne serais pas ridiculisé ou pire encore, agressé à cause de mon apparence. C'était la promesse d'un avenir meilleur pour mes enfants.

Nous sommes arrivés au Canada en décembre 2013. Nous avons commencé notre intégration. Mes enfants sont inscrits à l'école et tout va bien pour eux. Mon benjamin débutera l'école l'année prochaine. Je suis confiant que je trouverai un emploi adapté à mes compétences très bientôt. Ici, notre vie est meilleure. Mes enfants avaient commencé l'apprentissage du français en Afrique afin de faciliter la transition à notre arrivée. Le système scolaire est différent, mais ils sont bien intégrés.

Je suis un produit de mes prières et je prie pour ce que je veux devenir. Lorsque je n'étais qu'un enfant, j'ai décidé de m'abstenir de l'alcool, du tabac et d'une vie volage. Je voulais être un bon père de famille qui prend soin de son épouse et de ses enfants. J'évite toutes les distractions qui peuvent me détourner du droit chemin. Je suis un guide pour mes enfants, je les aide dans leurs devoirs et j'essaie de comprendre leurs problèmes et leurs besoins.

Nous avons peu d'argent présentement. L'argent fourni par le gouvernement lors de notre migration a servi à payer notre loyer, la facture du téléphone, l'installation du téléphone et de l'internet et notre nourriture. Nous avons appris que l'électricité est dispendieuse, alors, je n'ai vraiment pas hâte de recevoir notre première facture. Les enfants ont peu de vêtements. Il n'y a pas de surplus pour que nos filles puissent s'acheter des vêtements ou leur propre ordinateur. Mais nous avons espoir qu'avec le temps je trouverai un emploi et que je pourrai mieux pourvoir aux besoins de ma famille. Mes enfants désirent une voiture parce qu'il neige depuis notre arrivée. Sans voiture, ils se déplacent à pied et ils grelottent de froid. Ils survivront, ils n'ont qu'à rester patients.

J'aimerais visiter notre famille au Congo une fois que la situation sera plus calme. Peut-être, un jour quand je serai riche, le reste de ma famille pourra nous rejoindre. Je désire trouver du travail dans un réseau humanitaire afin que je puisse mettre à profit mes expériences et aider autrui. J'aimerais aider les gens de la façon dont on m'a aidé.

Ma fille aînée veut devenir médecin, la seconde désire étudier dans le domaine des sciences informatiques. Mon fils aîné Ashuza, souhaite devenir pilote et mon deuxième fils aspire à la profession d'architecte. Le benjamin est encore trop petit pour décider de son avenir. Je suis fier de la famille que nous avons élevée et je me réjouis de notre avenir au Canada.

Chapitre III

Histoire d'un réfugié colombien

Je m'appelle Jaime et je suis né en juillet 1977 dans le département de Santander en Colombie, Amérique du Sud.

J'ai un frère que je désignerai par le nom de Luis pour des raisons de sécurité. Il est peut-être encore en vie et demeurant dans l'une des régions les plus dangereuses et les plus violentes de la Colombie. Je ne sais où il est, ni si je le reverrai jamais. Nous ne pouvons même pas essayer d'entrer en contact pour des raisons de sécurité. Le reste de ma famille a disparu et je m'en vais vous compter mon histoire.

Ma mère a donné naissance à quatre enfants dans notre pays d'origine. Luis est l'aîné, suivi par Bernardo, puis ma sœur Alyssia et je suis le benjamin, le "bébé" de la famille. Notre fratrie était très soudée et nous nous aimions beaucoup les uns les autres.

Étant donné que les hôpitaux ne sont pas faciles d'accès à cause de leur éloignement par rapport aux zones rurales, la plupart des naissances se produisent à domicile. En général, les certificats de naissance ne sont pas établis à moins que les autorités administratives viennent à contacter les habitants d'une maison pour une raison quelconque; auquel cas toute nouvelle naissance est enregistrée. Ainsi, la date de naissance est souvent une estimation. Cet état de fait est entrain de changer progressivement à mesure que les villages s'agrandissent, amenant une inscription plus fréquente des naissances. Mes parents ne possédaient aucune pièce d'identité étant donné que le système n'était pas encore mis en place à l'époque. Pour cette même raison, il est difficile d'établir l'âge des personnes âgées vivant dans des villages. Dans ces endroits, il n'y a toujours pas d'églises, de bureaux municipaux, d'hôpitaux ou autres types d'institutions.

Je vais essayer d'expliquer la situation politique en Colombie pour vous permettre de comprendre mon histoire dans son intégralité.

Les zones rurales colombiennes sont très dangereuses parce que les groupes de guérillas se cachent dans la jungle pour préparer des attaques contre les forces gouvernementales. Santander est une zone très reculée avec nombre de montagnes, de petits villages, de fermes et la jungle. Nous sommes autorisés à circuler entre les villages mais nous ne pouvons pas changer de département.

Il y avait, et il y a toujours, un énorme problème de corruption au sein du gouvernement colombien. Les gens étaient sans emploi et il y avait l'exploitation de nombreuses personnes forcées à travailler pour les grosses compagnies minières faisant l'extraction de l'or et du charbon, en compensation d'une paye insignifiante, quand paye il y avait. En outre, la population ne recevait aucune aide gouvernementale. Quand les gens ne sont pas en mesure de travailler pour gagner de l'argent et qu'il n'y a pas d'aide à la subsistance du gouvernement, ils souffrent et alors tout dégénère. Lorsque les gens souffrent, ils se constituent en groupes pour riposter contre leurs oppresseurs.

Le gouvernement envoyait l'armée dans les territoires ruraux pour prendre possession des terres des habitants par la force, de sorte à s'accaparer de toutes les richesses. Tout pouvait basculer dans les cinq minutes suivant l'intrusion de ces forces dans les villages. Et pour accomplir la sale besogne, l'armée se sert des groupes paramilitaires. Les groupes paramilitaires sont similaires à des armées de soldats mais qui s'entraînent dans leurs propres camps et sont ensuite utilisés par les forces gouvernementales aussi bien que les trafiquants de drogue influents pour accomplir leur sale besogne. En fonction de leur commanditaire, ils portent un uniforme différent. Ils peuvent s'habiller en tenue militaire ou civile, ou encore porter leurs propres vêtements d'entraînement. Lorsqu'ils travaillent pour le gouvernement, ils s'habillent comme des soldats portant l'insigne de l'armée sur le devant de leur tenue et arborent sur leurs manches, un emblème noir et blanc avec l'acronyme SAUSAE gravé dessus, ce qui signifie qu'ils sont là pour défendre le peuple. Ils s'assimilent à la police militaire et déambulent dans l'attente de recevoir du gouvernement ou des barons de la drogue des instructions sur leur prochaine mission. Ils usent de diverses tactiques pour effrayer les populations et s'assurer que des alliances ne se forment pas contre le gouvernement dans les villages.

Lorsque les trafiquants de drogue envoient l'armée corrompue, la milice paramilitaire ou les barons de la drogue eux-mêmes dans les villages, ils ont pour mission de s'accaparer des fermes pour pouvoir y planter la coca dont est extraite la cocaïne. Seules quelques unes des personnes qui ont des relations avec l'un des groupes militaires ou paramilitaires sont autorisées à rester travailler dans les plantations de drogue et le reste de la population est tenue de partir et d'abandonner leurs terres. Quiconque réplique ou essaye de remettre leurs actes en cause est torturé et tué. Tous ceux qui sont pris à protester ou à poser des actes aussi simples que mettre des pancartes sur des terrains ou dans leurs propres maisons, sont tués. Les paramilitaires sont envoyés dans les villages pour espionner et détecter les personnes susceptibles de créer des problèmes en exprimant leur opinion. Lorsqu'ils arrivent dans les villages, ils sélectionnent et torturent des personnes au hasard dans l'espoir d'obtenir de l'information sur les semeurs de trouble potentiels. C'est une situation très pénible pour le commun des mortels.

Les membres de ces groupes paramilitaires sont généralement répartis selon un ordre hiérarchique. Plus la couleur de leur peau est foncée, plus sale est la besogne qui leur est donneé. En général, les noirs, les indiens et les individus de races croisées sont assignés aux tâches les plus basses. Ceci explique pourquoi les individus en situation d'autorité dans ces groupes sont majoritairement de race blanche.

Cet état de répression permanente incite à la révolte au sein de la population et pour survivre, les gens constituent volontairement des groupes pour le sentiment de protection qu'apporte l'appartenance à une alliance. Au sein de ces alliances, ils apprennent à manier des armes et à combattre. C'est ainsi que naissent les guérillas qui se dissimulent dans les régions montagneuses, dans l'attente constante de la prochaine attaque.

Entre ces guérillas et les forces gouvernementales corrompues, la guerre est permanente. Les deux plus importantes guérillas sont les FARC (Forces armées révolutionnaires de Colombie) et l'ELN (L'Armée de libération nationale). La FARC, constituée en 1964 et autrefois appelée l'Armée du peuple, est la principale guérilla colombienne avec huit à treize mille membres. L'ELN quant à elle compte quelques milliers de membres plus connus pour leur habileté à se dissimuler dans les jungles. Ces deux groupes ont été classés comme des organisations terroristes par la Colombie, les États-Unis et bon nombre d'autres pays.

Les citoyens ordinaires qui travaillent dur pour leur subsistance se retrouvent souvent pris au milieu de ce conflit. S'ils sont pris à se ranger du côté des forces gouvernementales, les guérillas les tuent. Si à l'inverse ils sont pris à se ranger du côté des guérillas, ils sont tués par les forces paramilitaires. La situation est sans issue et les gens sont contraints de vivre avec la peur constante que l'un de ces groupes s'introduise dans les villages et menace la population. Le danger plane constamment sur toutes les têtes.
En un mot, les maux qui rongent la Colombie sont le gouvernement corrompu et la toute- puissance des barons de la drogue.

Ma famille vivait dans cette peur constante de l'hostilité. Nous étions une famille tranquille et humble dont les membres partageaient une maison et n'avaient d'autre but que de vivre en paix et loin de ces groupes de tension. Je cultivais la terre avec mon père et mon frère Bernardo. Ma sœur Alyssia travaillait dans une église et faisait œuvre de bienfaisance en apportant son aide aux membres de la communauté. Dans notre maison vivait également son petit ami ainsi que leur jeune enfant. Il y avait en outre mon frère aîné Luis, sa femme et leurs enfants (la famille s'agrandissait).

En 1985, j'avais huit ans lorsque mes parents ont décidé d'aller s'installer dans un autre village à l'intérieur de la même commune. Mes frères et sœur, qui étaient beaucoup plus âgés que moi, sont restés dans l'ancienne maison.

Nous nous étions installés dans une maison à l'orée de la jungle, sur une terre de 37 000 m². C'était une zone densément boisée qui n'avait rien de la ferme typique que l'on retrouve dans des zones ouvertes. Nous avions plusieurs variétés de culture telles que le café, le cacao et le manioc (une culture de base et une importante source de glucide).
Les fermes comme la nôtre sont connues sous le nom de « Finkas ». Notre maison était en bois avec un toit fait de feuilles de palmiers qui nous protégeaient de l'eau et de la moisissure. Il n'y a ni électricité, ni eau courante dans les régions forestières; l'eau est puisée dans les rivières. La plupart des personnes qui travaillent dans les finkas portent des bottes de ferme et se déplacent toujours avec une grande machette dont elles se servent comme arme de défense autant que pour les récoltes de café. Les machettes servent également à tracer de petits sentiers à travers la végétation.

Il y avait une école locale qui faisait aussi office d'église les dimanches matins, où les enfants pouvaient jouer après la messe.

Lorsque nous avions besoin de prendre l'autobus, nous devions marcher deux à trois heures sur d'étroits chemins de terre à travers les sentiers montagneux de la jungle pour rejoindre une route de terre principale où le bus venait nous prendre et nous redéposer.
Au cours des trois premières années de notre vie à la finka, mes frères et ma sœur nous rendaient fréquemment visite avec leur

famille. L'année de mes onze ans, mon frère Bernardo et ma sœur ont soudainement disparu.

Les paramilitaires étaient allés dans leur maison et s'étaient emparés d'Alyssia et de son fils ; nous ne les avons jamais revus depuis. Alyssia avait vingt-deux ans à cette époque. Bernardo fut pris quelque temps après et n'est jamais revenu non plus ; il avait vingt-huit ans. Nous avions essayé de les retrouver mais les autorités ne sont jamais d'aucune aide. Après la disparition d'Alyssia et de Bernardo, Luis nous a rendu visite quelques fois et nous informait de tout ce qui se passait dans le village. Mais il a fini par disparaître également et je ne l'ai plus jamais revu.

J'aimerais beaucoup retrouver mes frères, ma sœur et son petit garçon; c'est douloureux d'imaginer qu'ils aient pu être tués et jetés dans une rivière. De nombreuses personnes ont été enlevées de leur maison et torturées pour leur soutirer de l'information, ou encore comme ce fût le cas de ma sœur pour les punir de venir en aide à leurs prochains à travers leurs œuvres humanitaires. On forçait certaines personnes à travailler sur les chantiers de construction des centres de détention. Lorsque les constructions étaient terminées, on les découpait en morceaux et on les jetait dans les rivières pour les empêcher de raconter ce qui se passait. Il est extrêmement poignant et effrayant de songer à ce qui a pu arriver à mes frères et sœur. Au fond de moi, il y a une tristesse infinie. Cela fait vingt-cinq ans que je les ai perdus de vue.

Après leur disparition, mes parents et moi avons continué à cultiver notre terre, aller à l'église les dimanches et faire de notre mieux pour vivre avec la perte de ma fratrie.
En 1994, alors âgé de seize ans, je suis allé à l'église avec mes parents un dimanche matin et après la messe, je suis resté jouer au foot avec les enfants du village. Le dimanche était le seul jour où il nous était permis de ne pas porter nos bottes ou de nous munir de nos machettes et nous étions donc tous habillés de simples jeans et d'espadrilles.

À notre retour à la maison, j'ai aidé mes parents à préparer le déjeuner. Nous préparions du manioc accompagné de la sauce « asado de carne », un met traditionnel colombien fait de viande recouverte de sauce.

Aux environs de 10h, alors que nous apprêtions le repas, des paramilitaires ont soudain envahi notre maison, brandissant leurs armes et nous forçant à sortir. Ils nous ordonnèrent de nous diriger aussitôt vers le terrain de foot de l'école. Mes parents et moi savions que nous ne devions rien dire pour éviter d'être tués sur le coup. Nous avions appris à obéir à tout prix. Tous les habitants de notre village et de ses alentours avaient été rassemblés au même moment et envoyés dans la cour de l'école. L'armée était en faction à l'extérieur du village pour s'assurer que les paramilitaires faisaient leur travail adéquatement.

Il y avait quelque 50 villageois et un total de 85 à 100 personnes sur le terrain. Les paramilitaires, armés, arboraient leurs tenues militaires portant l'emblème blanc et noir. Ils étaient dispersés parmi les gens rassemblés, debout, en un groupe au milieu du terrain. La peur se lisait sur les visages des villageois incertains de la suite des événements. Mes parents et moi étions au milieu, vers l'arrière du groupe. Les soldats désignèrent trois personnes au hasard et leur demandèrent d'aller vers l'avant. La première personne désignée était un jeune villageois muet de 30 ans, la seconde était un villageois local de 59 ans du nom de Pedro et la troisième, un homme du village voisin qui ne faisait que passer par là ce jour-là.
Leurs bras attachés, ils avaient été placés au centre du groupe pour que tout le monde puisse les voir. Le soldat à la peau la plus foncée s'était mis en avant. Il était évident qu'il était au dernier rang des paramilitaires présents ce jour-là. Sous nos yeux, il s'injecta de l'héroïne pour pouvoir supporter ce qu'il s'apprêtait à faire. Bon nombre de soldats deviennent dépendants de la drogue parce que c'est le seul moyen pour eux d'assumer leurs obligations.

Après s'être dopé, il se mit à crier après le jeune muet, exigeant des réponses à ses questions. Étant incapable de parler, le pauvre garçon ne pouvait répondre. Personne ne pouvait le défendre par crainte de se faire tuer sur-le-champ.

Tout en continuant à poser des questions, le soldat ramassa une tronçonneuse et la mit en marche. Les villageois étaient terrifiés. De nos mémoires, nous ne pourrons jamais effacer l'expression qui se lisait sur le visage du jeune garçon. Le soldat à cet instant, lui sectionna la cheville droite. Il y avait de la terreur sur le visage du garçon, mais il ne pouvait faire sortir un son. Nous pouvions lire la douleur dans ses yeux.

La foule hurlait; certaines personnes s'étaient évanouies sur le coup. Le soldat arrêta de crier et continua à démanteler le garçon en le sectionnant du coté droit du corps et en remontant vers la tête. . Ils sont formés pour exécuter les tueries selon le même processus et l'utilisent pour mutiler chaque individu. Une fois le découpage du garçon terminé, je me suis mis à vomir. Je ne voulais pas continuer à assister à cet horrible massacre. Comme toutes les autres personnes, j'aurais voulu arrêter cela, mais nous étions si impuissants et si peu nombreux.

Ils se mirent à découper Pedro, notre voisin, en commençant du côté droit. Ses cris atroces et pénétrants transperçaient chacun de nous et restaient figés à l'intérieur ; ma mère s'évanouit. Mon père et moi la rattrapâmes juste avant qu'elle touche le sol et ce bref instant donna à nos yeux un répit de l'horrible scène que nous étions forcés à regarder. Les gens se mirent à hurler et à gémir et beaucoup perdirent connaissance autour de nous.

D'autres protégeaient leurs yeux de leurs mains pour ne plus voir. Les soldats se mirent à circuler sur la première rangée du groupe pour dégager les mains et forcer les gens à regarder.

Au bout du troisième meurtre, j'étais dans un état de choc, d'incrédulité et de confusion. Après qu'ils eurent achevé l'homme, ils nous donnèrent trois minutes pour disparaître dans la forêt. Nous étions tous extrêmement traumatisés et dans un état profond de frayeur, de choc et de tristesse.

C'était la première fois que je voyais cela se produire dans notre village. Mes parents quant à eux avaient déjà été témoins de telles atrocités dans notre ancien village. Au-delà de l'impact psychologique et des cauchemars, le plus dur à affronter était de savoir qu'il n'y avait rien que nous puissions faire. Les villageois sont des fermiers, des gens pacifiques qui ne cherchent pas de bagarres. Ils chassent à l'aide de machettes pour se nourrir et peu parmi eux se sont jamais servis d'une arme à feu pour chasser. Ils ne se servent jamais de ces armes contre des humains. Je n'arrive pas à me faire à l'idée que ces soldats aient tué ces innocents fermiers avec une telle aisance. Nous sommes tous des êtres humains vivant ensemble sur cette planète et la scène était abominable dans tous les sens du terme.

Nous nous sommes immédiatement rués vers la jungle et sommes retournés dans nos maisons à la tombée de la nuit pour prendre ce dont nous aurions besoin pour survivre dans la jungle. Nous étions tous en larmes tout ce temps. Mes parents et moi priâmes longtemps vu que c'était notre seul recours.

Deux jours plus tard, lorsque je suis retourné dans le village, je me suis rendu compte que les corps n'avaient pas bougé. Je sentais que je devais faire quelque chose, alors j'ai rassemblé trois autres habitants du village et ensemble nous sommes allés dans un village voisin pour y chercher un des prêtres catholiques. Notre voulions faire de lui un témoin de l'incident survenu. Lorsqu'il nous suivit sur les lieux du crime, nous lui demandâmes de rapporter les faits et de déposer une plainte. Il nous expliqua que, une fois les plaintes déposées, personne ne sait ce qu'il en advient, mais qu'il rédigerait quand même la nôtre. Deux jours plus tard, des membres de la protection civile sont venus enlever les corps.

Lorsque c'était un membre de l'église qui ramassait les corps, des funérailles étaient organisées et les corps enterrés. Par le passé, à l'occasion de tels incidents, les prêtres essayaient de fournir une aide pastorale et psychologique aux villageois. Cette assistance se fait rare à présent à cause du risque lié à l'entraide. Le fait est que, lorsqu'il apparaît qu'un village réclame de l'aide, les habitants des villages voisins cherchent à savoir ce qu'il s'est passé. Or, les groupes militaires ont clairement fait savoir lors de leurs opérations qu'ils ne voulaient pas que les faits se racontent, ni que l'on rapporte le groupe responsable des événements. En effet, si les membres des guérillas avaient vent de telles informations, ils voudraient interroger les témoins pour retrouver les coupables et riposter. Il est extrêmement dangereux pour tout villageois de fournir de l'information à qui que ce soit. C'est un cercle vicieux et c'est la raison pour laquelle le peuple se retrouve toujours comme pris entre deux eaux.

Je n'ai cessé de prier Dieu en ces temps de m'accorder la force de surmonter ce qui s'est produit et de pouvoir endurer les dommages psychologiques que cet événement m'avait causés. Mais, en dépit de mes prières, un sentiment profond de haine et de colère s'était développé en moi. Et ce sentiment ne cessait de me ronger. Je me sentais si désespéré. Pourtant je savais que je devais trouver la force d'avancer et guérir la rage qui me rongeait de l'intérieur. Mes prières et ma foi en Dieu ont fini par m'apporter l'aide psychologique dont j'avais besoin.

À la suite de l'incident, nous nous étions dissimulés dans la jungle durant un mois, puis nous décidâmes de nous réfugier dans un village appelé Barranca pour une durée de quinze jours. Au bout de ce délai, nous sommes retournés sur notre terre pour voir s'il y avait des soldats dans les parages et lorsque nous eûmes la conviction qu'ils s'en étaient allés, nous nous sommes réinstallés à la ferme et la vie a repris son cours.

Au cours des dix mois qui ont suivi les événements malheureux, les paramilitaires n'ont pas arrêté de faire des allers-retours dans le village pour voir ce qui se passait dans la vie des gens, mais rien ne se produisit jusqu'en 1995, soit moins d'une année plus tard. J'avais encore seize ans à l'époque.

Il était midi et mes parents et moi étions dans l'aire de repos de la maison lorsque les paramilitaires ont fait irruption chez nous. J'ai entendu l'un des soldats appeler leur responsable Roqui. Il me poussa dehors. Mes parents essayèrent prudemment de les empêcher de me prendre, alors ils les dirigèrent vers l'autre pièce et les sommèrent de ne rien dire ou faire.

Les soldats m'accusaient d'avoir fourni de l'aide à l'une des guérillas. Notre famille faisait partie d'un groupe religieux, et parce que nous faisions des dons de nourriture, ils nous accusaient de fournir de la nourriture à une guérilla. Ce n'était pas vrai. Ils utilisaient ce type de stratagème pour effrayer les gens et les forcer à admettre des faits qui n'étaient pas réels. De cette façon, si nous étions accusés de rébellion contre les forces gouvernementales et les barrons de la drogue, ils avaient une excuse pour s'emparer de nos terres et en faire des plantations de drogue. Les paramilitaires avaient été envoyés dans toutes les maisons au même moment ce jour-là. Ils prenaient au hasard un membre dans chaque famille et appliquaient à chacune de ces personnes la même torture. Un homme du nom de Carlos (un baron de la drogue extrêmement réputé en Colombie), était l'instigateur de ces attaques. On donnait aux gens deux options : rester pour cultiver la terre...ou partir. Ces richissimes seigneurs de la drogue ont tant d'influence en Colombie que les corps gouvernementaux font semblant de ne rien voir. Les paramilitaires sont payés par Carlos pour venir accomplir la sale mission de saisir nos terres.

Roqui m'avait attaché les mains dans le dos et m'avait poussé au sol. Il y avait environ cinq soldats et munis de gourdins, ils me bastonnèrent et me frappèrent à la nuque à plusieurs reprises avec la crosse d'un fusil. L'un des coups de gourdin était si rude que j'en ai été étourdi et ai perdu l'équilibre.

Ensuite, l'un des soldats se mit à enfoncer des épines sous mes ongles d'orteils. C'est l'un des sévices qu'ils font habituellement subir aux gens pour les amener à parler. Pourtant, je n'avais rien à avouer. Je n'avais rien fait.

Les cinq me torturaient à l'unisson. Ils versèrent de l'eau extrêmement salée dans mes narines et mes oreilles. Ils m'avaient aussi recouvert la bouche d'un linge pour me forcer à avaler tout ce qu'ils y versaient. Ils le firent jusqu'à ce que je m'évanouisse et continuèrent à me battre jusqu'à ce que mon corps soit complètement couvert d'ecchymoses et d'entailles et que les épines me transpercent la chair en-dessous des ongles d'orteils. La douleur était intolérable et ma peau était devenue noire. Ils me traînèrent au fond de la jungle et m'abandonnèrent là, pensant que je mourrais peu après. Je ne pouvais mouvoir aucune partie de mon corps. À la tombée de la nuit, les moustiques et les petits insectes commencèrent à se nourrir sur mes plaies ouvertes. Dans la jungle, les nuits sont froides alors que les journées sont assez chaudes. Et si entre-temps il pleuvait, la température devenait beaucoup plus froide la nuit.

Vers le lever du jour, j'avais une fièvre colossale et je sortais de l'inconscience pour y retomber aussitôt de façon successive. Les piqûres d'insectes ne faisaient qu'augmenter à ma douleur. J'étais étendu là, impuissant et tout ce qu'il me restait c'était ma foi en Dieu, à laquelle je me suis accroché tout le temps que j'ai passé là. C'était un miracle que je fus encore en vie. À chaque minute qui passait, mes infections s'aggravaient et ma paralysie empirait.

Au matin du troisième jour, mon père finit par me retrouver au bout d'une longue recherche avec quelques autres hommes du village. C'étaient la foi et l'instinct de mon père qui lui donnaient la conviction que j'étais toujours en vie, là, quelque part. J'étais dans une souffrance insoutenable, mais le sentiment qui m'a submergé lorsque mon père m'a retrouvé, était indéniablement l'amour le plus profond que j'aie jamais éprouvé à son égard. C'était un miracle qu'ils m'aient retrouvé. Mon père s'était effondré en larmes de tristesse et de joie en voyant que son petit garçon était toujours en vie.

Ils fabriquèrent rapidement une civière avec des lianes de jungle et des plantes et me transportèrent pendant une journée et demie à travers la forêt jusqu'au plus proche hôpital rural. J'y suis resté une journée, mais l'hôpital ne disposait pas des ressources nécessaires pour me soigner. Nous ne pouvions pas non plus quitter l'hôpital par un moyen de transport conventionnel parce que les paramilitaires faisaient des vérifications d'identité sur les routes.

Les hommes avaient dû me porter sur une civière à travers la jungle et contourner une montagne pour m'envoyer à un hôpital plus grand. Il leur avait été si difficile de me porter en parcourant tout ce chemin sur un relief tourmenté. Les quatre hommes qui avaient suivi mon père étaient des anges héroïques pour nous avoir aidés comme ils l'ont fait, au risque de leur vie. Ce fut une belle preuve d'amour et d'entraide de la part des villageois. Cela démontrait de leur nature.

À notre arrivée à l'hôpital, la Croix Rouge était présente pour apporter de l'aide. Elle a pris en charge mes frais de séjour et de soins médicaux. Mon oreille gauche était infectée au point où elle devenait gangrénée. Mon oreille gauche a perdu ses facultés depuis et mon oreille droite, qui ne fonctionne plus qu'à 60%, continue à se détériorer progressivement.

Dans l'hôpital, il y avait un prêtre, défenseur des droits de l'Homme, qui rédigea une plainte sur mon cas et l'envoya au Haut-Commissariat des Nations Unies aux droits de l'homme et à son bureau colombien. Une fois la plainte déposée, le prêtre fut informé que j'étais en danger pour avoir entamé une telle démarche et que je devais quitter le département où je vivais pour éviter d'être retrouvé et tué.

J'ai été hospitalisé pendant quinze jours. Nous ne sommes retournés dans notre village que pour repartir aussitôt. Avec l'aide du prêtre, mes parents et moi avions été dissimulés dans une voiture et conduits loin du village.

C'est le prêtre qui avait planifié notre fuite et nous avait aussi remis de l'argent pour le transport tout le long du trajet. Il aidait les gens comme moi à fuir grâce à des économies réalisées avec les quêtes. Nous avions été placés dans un autobus interurbain. Une infirmière suisse nous accompagnait et resta à mes côtés tout au long du voyage pour me prodiguer tous les soins médicaux nécessaires. Le trajet en autobus dura cinquante-deux heures, ce qui équivalait à trois jours de voyage avec des arrêts fréquents tout le long. Nous étions nourris dans des abris humanitaires secrets répartis sur tout le trajet et je me souviens de l'une des infirmières allemandes, Nicole, qui me prodigua aussi des soins à l'un des arrêts. Il y a des organisations qui ont été créées pour assister les personnes en situation de danger extrême à traverser des frontières. Les membres de ces organisations ont énormément de courage pour arriver à faire tout ce qu'ils accomplissent pour l'humanité.

Ce fut une traversée difficile pour moi sur le plan physique et émotionnel. J'éprouvais constamment de la douleur, mais la peur et l'anxiété face à l'épreuve que traversait ma famille et l'incertitude sur ce qu'il adviendrait par la suite, obnubilaient mon esprit et le maintenaient préoccupé.

Nous avions fini par arriver au sud de la Colombie et nous nous sommes établis dans une région qui nous était tout à fait étrangère. La vie y était beaucoup plus calme et les gens ne s'y faisaient pas tuer. Pendant que je guérissais de mes blessures, mes parents reçurent un petit lopin de terre à cultiver. J'ai mis du temps à guérir et lorsque j'ai retrouvé ma capacité motrice, je me suis mis à aider mon père à travailler la terre.

Quelques années plus tard, en 1998, alors que ma santé s'était beaucoup améliorée, j'ai rencontré une femme originaire de la région et nous nous sommes mariés. Elle vint habiter avec nous.

Une année après mon mariage, je reçus une note du prêtre m'informant que les choses allaient prendre une mauvaise tournure pour nous. Il nous avait aussi envoyé une lettre spéciale, mais nous devions partir sur-le-champ.

Au beau milieu de l'année 1999, nous prenions le bus pour l'Équateur. Arrivés à Quito, en Équateur, j'ai remis la lettre spéciale aux autorités. Cela nous a permis d'être admis au bureau du Haut-Commissariat des Nations Unies pour les réfugiés (UNHCR) et d'obtenir le statut de réfugiés dans la république équatorienne.
La situation de réfugié est dure à vivre parce que l'on vous traite comme un paria. Personne ne veut que vous ayez les mêmes droits que les nationaux parce que vous venez d'un autre pays.

Nous avions loué une petite maison en Équateur. Il n'y avait pas de camp de réfugiés, alors nous avons vécu dans une maison ordinaire. Ma femme est tombée enceinte peu après notre établissement en Équateur et notre premier fils est né au cours de l'année 2000. La venue de notre bébé a été une grande joie car elle signifiait le début d'une vie nouvelle pour nous tous et nous a permis de laisser le passé derrière nous et d'aller de l'avant. En qualité de réfugiés, il ne nous a pas été facile d'élever notre bébé, mais nous étions beaucoup plus en sécurité que dans nos anciens villages. Deux mois après la naissance de notre enfant, mon père est tombé malade et est décédé. J'étais à son chevet au moment de son décès et ce fut douloureux. Ce fut un coup dur pour ma mère qui, après avoir connu tant de souffrance, perdait en plus son époux.

Nous avions fait la connaissance d'autres colombiens vivant en Équateur que nous nous étions mis à fréquenter étant donné qu'ils étaient tous dans des situations similaires à la nôtre et nous avions pris l'habitude de nous entraider. Nous avons eu notre deuxième enfant en Équateur et ce fut une bénédiction pour notre famille.

Ma mère décida de retourner en Colombie en 2011. Il était trop dangereux pour moi d'y retourner avec elle. Elle prenait de l'âge et disait qu'elle voulait mourir dans son pays natal. Tous les voyages, les deuils et les souffrances qu'elle a traversés avaient profondément affecté son état d'esprit. J'ai essayé de me mettre à sa place et de comprendre l'ampleur de sa souffrance émotionnelle pour avoir perdu autant d'êtres chers au fil des années.

En janvier 2012, j'ai reçu un appel du prêtre m'informant que ma mère était décédée d'une mort naturelle. Je savais qu'il était temps pour qu'elle s'en aille. Elle était remplie de tant de tristesse.

Après sa mort, j'ai continué à soumettre des rapports sur ce qui nous était arrivé, à moi et à ma famille. Le dépôt de ces plaintes m'a constamment créé des ennuis et a développé en moi un sentiment d'insécurité. Le prêtre m'a contacté à nouveau et m'a dit que si je continuais à introduire des plaintes, des soldats pourraient être envoyés en Équateur pour me tuer. J'ai présenté cette lettre aux Nations Unies. L'organisation introduisit deux demandes pour nous faire admettre en Suisse ou au Canada. La réponse du Canada est venue en premier et au bout de quelques mois, nous embarquions sur un vol d'Air Canada pour notre nouvelle terre d'accueil.

J'étais très ému dans l'avion parce que je ne pensais pas que nous pourrions un jour quitter l'Équateur. J'étais si heureux à l'idée que nous allions dans un pays qui serait plus sécuritaire pour ma famille. J'étais conscient que la vie de réfugié dans un autre pays ne serait pas idyllique et je savais qu'il y aurait des difficultés à surmonter, mais nous étions contents.

La quiétude trouvée au Canada et la liberté d'aller où nous voulons est une telle bénédiction pour moi. Je suis dans ma deuxième année d'apprentissage de la langue française pour être en mesure de mieux communiquer. Il est dur d'avoir 37 ans et de n'avoir reçu aucune éducation. J'ai une incapacité et une limitation auditives dues à la torture et ma main droite est insensible. Mais nous avons au moins la sécurité, et pour cela, je suis reconnaissant.

Quand je regarde en arrière, je ne peux m'empêcher de penser à ce que j'ai traversé et je fais un effort pour m'apaiser afin que ma foi domine la colère, la blessure et la douleur émotionnelle. Mes parents me manquent ; je pense souvent à mon disparu frère Bernardo et à ma sœur Alyssia.

Ce serait une grâce d'offrir à ma famille une maison convenable comme celle que nous possédions en Colombie avant qu'elle ne nous soit arrachée. Nous ne possédons pas de voiture, ce qui rend le déplacement avec de jeunes enfants difficile durant l'hiver, vu que nous devons nous rendre partout à pied, même quand il neige.

Depuis que je suis ici, j'ai constitué un gros dossier des plaintes que j'ai rédigées et j'essaye de passer à travers le rideau de corruption qui sévit dans mon pays. Je sais que je cours un danger en essayant de raconter mon histoire, mais il faut que quelqu'un ait le courage de raconter au monde ce qu'il se passe dans le quotidien des paysans colombiens qui se trouvent pris dans un piège sans échappatoire. Ce sont des gens bien, aimants, bienveillants, charitables et compatissants à la douleur de leurs prochains, juste à l'image de ces hommes qui m'ont porté sur une civière pendant des jours sans un mot de plainte.

J'aimerais terminer mon récit en exprimant ma profonde gratitude au prêtre qui a aidé ma famille à s'enfuir vers un endroit plus sûr. Je voudrais lui dire merci pour tout le soutien et le dur labeur. Lui et ses pairs font partie de la *Christian Community of Justice and Peace*. C'est une organisation non gouvernementale qui apporte une aide exceptionnelle aux gens dans le besoin. Ils mettent leur vie en danger pour autrui et répandent ainsi un message d'amour du prochain. Ces gens vivent de façon intègre, disent non à l'exploitation de l'être humain et ne se laissent pas corrompre. Ce sont des âmes courageuses et des anges terrestres envoyés ici-bas pour nous redonner l'espoir que la foi en Dieu et l'amour pour l'humanité sont la voix de la guérison pour notre pays tourmenté.

Chapitre IV

Une réfugiée du Kosovo

Mes parents m'ont donné un prénom traditionnel à la naissance, mais je préfère maintenant qu'on m'appelle Ariana. Je suis née au Kosovo en juin 1988 à l'hôpital de Ferizaj, une ville située à environ 25 km de notre maison familiale de Kaçanik. Le Kosovo est un État du sud-est de l'Europe dont le territoire est bordé par le Monténégro, la Serbie, la Macédoine et l'Albanie. Jadis la plus pauvre région de Yougoslavie, la province du Kosovo acquit son indépendance en 2008 suite à la montée du nationalisme qui, à partir de 1991, entraîna la dissolution de la fédération yougoslave.

Notre famille se composait de six membres dont une sœur de deux ans mon aînée et deux frères cadets nés en 1992 et 1995. Nous formions une famille unie. Tous les enfants s'entendaient à merveille. Ma sœur et moi étions très protectrices de nos jeunes frères et nous tâchions, autant que possible, de leur éviter des mésaventures. Nous avons sans doute hérité ce trait de caractère de notre mère qui nous a aussi couvées de près quand nous étions petites. C'est maman qui était la plus stricte. Je me rappelle que lorsque nous voulions veiller plus tard que d'habitude le soir, c'est à papa que nous allions demander la permission. Mon père est un homme formidable qui cédait aisément à nos supplications et qui parvenait toujours à convaincre maman de reporter l'heure du coucher. En tant qu'adulte, je comprends mieux aujourd'hui pourquoi ma mère se montrait si sévère avec nous. Elle nous a enseigné à ne jamais faire de mal à personne, à respecter nos aînés et à ne pas voler. J'ai conservé, au fil des ans, une excellente relation avec mes parents.

Nous possédions une belle grande maison de quatre chambres à coucher qui était construite en béton. Nous étions une famille de la classe moyenne et nous n'avons manqué de rien en grandissant. Nous avions des bottes pour l'hiver et tout ce qu'il fallait pour mener une vie confortable. Chacun de nous a commencé l'école à cinq ans. Un oncle habitait avec sa famille à côté et un autre, plus loin, hébergeait

52

mes grands-parents. Comme il n'y avait pas de résidences pour personnes âgées à l'époque, c'était plus facile pour eux de loger chez lui. Nous passions beaucoup de temps tous ensemble. Mon grand-père est décédé il y a quatre ans, mais ma grand-mère se porte bien malgré ses quatre-vingt-sept ans.

En 1992, alors que je n'avais pas encore cinq ans, un conflit sanglant entre Serbes et Bosniaques a éclaté au nord du Kosovo. Les combats se déroulaient dans des pays voisins du nôtre et des reportages faisaient état de massacres. Les Serbes de Bosnie voulaient faire sécession et ils ont pris les armes pour obtenir leur indépendance. Puis, en 1998, a débuté une autre guerre d'indépendance entre le Kosovo et la Serbie. Bénéficiant d'un statut de province autonome à l'intérieur de la Serbie, le Kosovo souhaitait dorénavant devenir un État souverain, mais les Serbes s'y opposaient.

J'étais en cinquième année quand les choses se sont envenimées. La télévision diffusait les événements en boucle et les autorités ont annoncé peu après que les écoles fermaient leurs portes par précaution. Les élèves ont donc été confinés à leur domicile parce qu'il était risqué de s'aventurer à l'extérieur. Les soldats arrêtaient les voitures en pleine rue afin de questionner les passagers sur leurs allées et venues. S'ils n'aimaient pas leurs réponses, ils les tuaient sur le champ. Une marche a été organisée pour protester contre l'occupation serbe du pays. Dès leur parcours entamé, l'armée a employé la force pour repousser violemment les manifestants : quiconque tentait de résister a été abattu. Beaucoup de manifestants ont perdu la vie.

Mes parents nous ont expliqué la situation et ont fait de leur mieux pour nous rassurer en dépit des nouvelles alarmantes qui circulaient. Lorsque les avions survolaient nos têtes ou que nous entendions des coups de feu aux alentours, ils s'efforçaient de nous cacher la vérité ou de minimiser le danger.

Les Américains et les Britanniques sont intervenus pour nous aider à contrer l'agression des forces serbes. Ils se sont dits ouverts à la négociation, mais ont averti le gouvernement qu'ils passeraient à l'offensive si la Serbie ne retirait pas ses troupes du Kosovo. Tout le monde était au courant de l'ultimatum et de la date du déclenchement des hostilités. L'armée serbe est restée campée sur ses positions et ainsi ont commencé les démonstrations de force.

J'avais dix ans. Je m'en rappelle. Il faisait nuit quand a commencé l'attaque et la famille élargie s'était rassemblée dans notre salon. Mes oncles, cousins et grands-parents surveillaient en notre compagnie l'écran du téléviseur afin de savoir si les coalisés avaient mis leurs menaces à exécution et pour en apprendre davantage sur le déroulement des opérations. Les affrontements armés ont débuté comme prévu et le vacarme a effrayé les enfants qui se sont mis à hurler. Je revois le regard terrifié de mon frère qui sanglotait. Mon grand-père s'est entretenu avec mes parents et mes oncles dans le but d'élaborer un plan d'évacuation pour la famille. Nous étions conscients que l'OTAN s'interposait en faveur de l'indépendance du Kosovo, mais les habitants vivaient barricadés dans leurs résidences pendant que les soldats serbes rodaient dans les parages. Le péril pour les Kosovars était extrême.

La famille, les voisins et tous ceux que nous connaissions se réunirent – il y avait trente-cinq enfants au total. Tout le clan franchit la barrière noire qui séparait notre cour arrière de la rivière et nous longeâmes celle-ci jusqu'à la forêt qui se trouvait à cinq minutes de marche. Ils pensaient que nos chances de survie se verraient améliorées si nous quittions nos foyers et allions nous réfugier dans les bois pendant les affrontements.

Nous avons passé la nuit entière assis sur des bûches et exposés au froid dans la forêt. Je me souviens que ma mère avait apporté, dans un sac, de l'eau avec du pain et des biscuits. Une fillette semblait convaincue que nous participions tous à un immense jeu de cache-cache et répétait à tout le monde « je te vois »; ma grand-mère a pris la gamine sur ses genoux et lui a couvert la bouche de sa main en disant « chut » pour qu'elle se taise. Ma grande sœur et moi étions blotties contre les épaules de maman, chacune cherchant en vain le sommeil. Mon père s'occupait de mes frères et cousins, mais nos oncles et grands-parents partageaient avec lui la responsabilité de veiller sur tous les enfants. Personne ne souhaitait que nous attirions l'attention; il était donc crucial que nous demeurions tous silencieux.

Vers cinq heures du matin, alors que nous étions transis de froid, ma grand-mère nous a suggéré de retourner tous ensemble à la maison pour manger et nous laver. C'était une bonne idée. De retour chez nous, elle a cuisiné pour le groupe sur le poêle extérieur un repas simple constitué de pain et de riz. Ma mère nous a débarrassés de notre linge sale et a donné le bain à mon jeune frère. Le soir venu, elle nous a bordés dans nos lits et nous avons dormi paisiblement.

Le téléjournal avait rapporté la suspension du service ferroviaire mais, à huit heures le lendemain matin, maman a aperçu un convoi qui se dirigeait vers le sud par chemin de fer. À midi, elle a confié à mon père que nous devrions prendre le train. Ma grand-mère n'était pas d'accord car elle craignait de perdre notre trace. Maman lui a expliqué qu'il serait plus sécuritaire pour nous de nous disperser plutôt que d'offrir une cible unique.

Les six oncles du côté de ma famille paternelle ont décidé de rester avec mes grands-parents. Mon père et ma mère ont emmené avec nous, deux petits voisins. Nous avons alors embarqué sur un train à destination de la Macédoine. Les wagons étaient si bondés que nous avons dû faire le trajet debout. Je me rappelle que mon voisin d'à côté a cédé son siège à une femme enceinte et que j'ai trouvé ce geste magnifique. Nous roulions depuis une heure environ quand, à la sortie d'un tunnel sous les montagnes, j'ai vu par la fenêtre une fumée épaisse qui s'échappait d'une rangée de maisons. De part et d'autre de la voie ferrée, la ville entière paraissait embrasée. J'ai demandé à mes parents pourquoi ils brûlaient les habitations, mais, malgré leurs explications, je ne pouvais pas comprendre.

Nous avons constaté à notre arrivée que la Macédoine comptait une importante population d'origine albanaise. Nous avons été accueillis à la gare par un Albanais qui nous a invités chez lui. Dans la cinquantaine, l'homme était grand, mince et arborait une longue moustache. Son frère, qui l'accompagnait, en a fait autant pour une autre famille. Nous nous sommes entassés à bord du véhicule sport utilitaire qu'il conduisait. Il nous a menés jusqu'à une vaste demeure dont un joli balcon traversait la devanture. Sa femme, qui attendait dans l'entrée, nous a tous serrés dans ses bras et a demandé si nous avions faim.

Les propriétaires nous ont servi à boire et nous ont proposé une visite guidée des lieux. Ils nous ont escortés aux appartements où nous allions dormir et nous ont montré les salles de bain. Ils ont ensuite confié une clef de la maison à maman. Je me souviens bien de la sensation de sécurité et de la joie que j'ai ressenties cette première nuit en buvant du thé et en mangeant un énorme biscuit. Mon plus jeune frère a passé la nuit avec mes parents. Mon autre frère s'est lié d'amitié avec les fils du couple et, après avoir joué ensemble dans une pièce, ils se sont tous assoupis dans ce dortoir improvisé. Ma sœur et moi, quant à nous, avons partagé une chambre avec leurs deux filles.

Nous avons supplié en vain maman de ne pas nous envoyer à l'école du quartier parce que nous n'y connaissions personne. L'environnement scolaire s'est révélé très différent de celui auquel nous étions habitués. Nous avons toutefois été en mesure de communiquer en classe étant donné que tout le monde parlait l'albanais et le macédonien. En trois semaines à peine, nous nous étions fait de nouveaux amis et nous allions beaucoup mieux.

Mon père a alors appris que de nombreux pays européens accordaient l'asile aux réfugiés de la guerre. Il savait que s'y rendre ne s'avérerait qu'une solution temporaire et que, à plus ou moins brève échéance, nous serions peut-être contraints à partir. Mon père s'est renseigné en ville auprès du personnel d'un des bureaux de l'agence humanitaire. Il ne voulait pas prolonger notre séjour davantage car notre famille d'accueil nous hébergeait déjà depuis trois semaines. Mon père a demandé à notre hôte de nous conduire au camp de réfugiés local, ce qu'il a fait de bon gré. Une fois les adieux prononcés, nous n'avons plus jamais revu cette famille.

J'aperçus un grand chapiteau blanc érigé au milieu d'un immense terrain dont une haute clôture délimitait l'étendue. De nombreux autres pavillons recouvraient le sol. Aux portes de l'enceinte se tenaient des gardiens qui, avant de les laisser pénétrer à l'intérieur, relevaient l'identité des arrivants. Les responsables nous dirigèrent vers une tente fraîchement nettoyée et nous nous y installâmes. Ils nous donnèrent des couvertures, de l'eau et de la nourriture, puis nous informèrent que les toilettes étaient communes. Les hommes et les femmes disposaient de douches séparées, mais la file pour en faire usage était toujours très longue. Ma mère nous emmena esplorer le camp, à la recherche de résidents issus de notre ville.

Après une semaine passée dans ces conditions, nous pleurions tous pour rentrer à la maison et retrouver nos lits. Je réalise maintenant à quel point cela devait être difficile pour mes parents, et en particulier pour ma mère. Maman devait s'occuper de deux très jeunes enfants dont un, mon frère, qu'elle allaitait encore. Mon père consultait régulièrement un tableau où étaient affichées des feuilles représentant chacune un pays d'asile. Mon père choisit le Canada et inscrit son nom sur une liste. Deux jours plus tard, nous embarquions à bord d'un avion à destination de l'Ontario. Papa nous a avoué qu'il avait choisi le Canada parce qu'il avait toujours rêvé de visiter ce pays et qu'il souhaitait s'éloigner le plus possible du Kosovo.

Le vol a été mon baptême de l'air et j'ai trouvé les dimensions de l'appareil impressionnantes. Mes deux frères étaient assis avec mon père tandis que ma sœur et moi avions pris place aux côtés de ma mère. Maman a versé des larmes pendant le voyage. Elle abandonnait le reste de sa famille afin d'assurer la sécurité de ses enfants. Quelque part entre ciel et terre, j'ai repéré par le hublot un autre avion et je lui ai dit, en pointant du doigt, « regarde maman, nous ne sommes pas seuls ». Le trajet a duré huit heures pendant lesquelles nous avons sillonné les allées de la cabine de long en large. Nous avons atterri au Canada en mai 1999, un mois avant mon anniversaire.

Descendus à Kingston, en Ontario, nous fûmes logés sur la base des Forces canadiennes. On nous y avait assigné trois chambres dans un complexe d'édifices aux allures de centre hospitalier qui abritait un tas d'autres familles. Nous mangions nos repas, de type buffet, ailleurs sur le site dans une salle aménagée pour recevoir les convives.

Ils ont organisé toutes sortes d'activités et de divertissements pour les plus jeunes. Les animateurs essayaient ainsi de remonter le moral des nombreux enfants qui pleuraient sans cesse parce qu'ils se trouvaient loin de leurs foyers et s'ennuyaient de leurs familles. Nous avons même assisté à un spectacle d'aviation. L'événement a été formidable. Je me suis demandé comment les pilotes réussissaient à synchroniser leurs manœuvres. Lors d'une autre sortie, ils nous ont invités à la marina locale pour un pique-nique. La période après le repas du soir était habituellement consacrée à des jeux. Nous avons à l'occasion improvisé des matchs de volleyball intérieur, mais nos parents haussaient alors le ton et nous ordonnaient d'aller jouer dehors.

Après une quinzaine de jours à Kingston, deux de mes oncles sont venus nous y rejoindre et les retrouvailles ont été réjouissantes. Un autre oncle qui habite en Suisse leur avait fait parvenir un message mentionnant que nous étions dans un camp de réfugiés en Macédoine et que nous espérions partir pour le Canada. Ils ont spécifiquement choisi le Canada, eux aussi, pour que nous soyons tous réunis. Quel plaisir de jouer à nouveau avec mes huit cousins et cousines!

Au bout d'un mois sur la base militaire, nous avons un jour vu notre nom sur une feuille selon laquelle nous devions partir vers la ville de Saint-Jérôme, au Québec. Nous avons pris un autobus en direction d'un hôtel situé à proximité de l'aéroport de Mirabel. Nous sommes demeurés deux jours dans cet établissement, puis un organisme communautaire (Le Coffret) s'est occupé de nous dénicher un toit. Un autobus scolaire nous a transportés jusqu'à notre logement. Une fois entrés dans l'appartement, nous avons découvert qu'il était équipé de tous les meubles et appareils ménagers nécessaires à notre confort. Ce nouveau chez-soi nous comblait de joie, mais la tristesse s'emparait aussi de nos pensées en songeant à tout ce que le sort nous avait dérobé.

Chaque famille fut alors jumelée à une famille d'accueil locale afin de faciliter l'adaptation à la vie québécoise. Le fait que nous ne parlions ni français ni anglais a compliqué nos rapports au début. Nous regardions nos interlocuteurs d'un air médusé dès la moindre rumeur d'une conversation. Ma mère avouait à son tour ne pas en saisir davantage lorsque nous l'interrogions sur le sujet de la discussion.

Trois mois plus tard, maman a demandé si nous pouvions déménager ailleurs à Saint-Jérôme, dans un milieu francophone, pour accélérer notre apprentissage du français plutôt que de parler albanais à longueur de journée avec nos voisins. Entre-temps, nous continuions d'aller à l'école du quartier. Contrairement aux autres élèves, nous n'avions pas d'uniformes et notre garde-robe, modeste à l'époque, a été pour nous une source d'humiliation.

À l'exception de mon plus jeune frère, nous étions tous scolarisés. Une dame venait à la maison pour nous conduire à l'école. Elle enseignait le français et s'est efforcée de nous apprendre tant le vocabulaire que l'alphabet. Étant donné que nous étions regroupés dans une classe avec d'autres enfants Albanais, nous riions tout le temps et la faisions fâcher. Elle a donc décidé de nous séparer, ce qui s'est avéré une excellente idée. Et j'ai repris ma cinquième année.

Pas plus d'une semaine s'était écoulée avant que les travailleurs communautaires ne nous trouvent un nouvel appartement comme ma mère le souhaitait. Par conséquent, nous avions encore déménagé et j'ai dû à nouveau changer d'école. J'ai tout de suite eu une préférence pour cette dernière car elle était plus belle et parce que j'y côtoyais des enfants de mon âge. Et les amitiés que j'ai nouées avec les enfants du coin m'ont comblé de bonheur.

Je suis tellement contente que nous soyons venus au Canada. Nous y résidons maintenant depuis quinze ans. Je parviens à mettre suffisamment d'argent de côté pour me payer un voyage au Kosovo presqu'à chaque année. Mes parents y ont conservé leur maison après la guerre. Ma tante s'occupe de l'entretien. Ils ne l'ont jamais louée et j'y habite quand je retourne dans mon pays rendre visite à mes oncles. Maintenant que nous sommes plus âgés, mon père et ma mère s'y rendent aussi régulièrement pour voir la famille.

J'ai à présent vingt-quatre ans et j'adore vivre au Canada. À part le froid, c'est fantastique. J'ai terminé mes études secondaires et, à présent, je désire m'inscrire à l'université. J'ai un bon emploi. Ce qui a permis à ma sœur et moi d'acheter une maison ensemble il y a sept ans, quand j'en avais dix-sept. J'ai commencé à travailler très tôt. Un jour, j'ai croisé à bord d'un autobus des travailleurs et j'ai appris qu'ils allaient cueillir des fraises et je les ai suivis. C'est du travail rude mais payant.

Nous avons été chanceux de fuir le Kosovo car mes parents nous ont dit que l'armée faisait incursion dans les maisons pour y tuer les occupants. Toute ma famille a été épargnée parce que nous nous sommes échappés à temps. Heureusement que nous avons quitté le pays au moment où nous l'avons fait.

Rétrospectivement, le conflit a été stupide, sans but ni raison. Les soldats serbes ont assassiné beaucoup d'innocents y compris des femmes enceintes et les bébés qu'elles portaient. Tout cela afin de s'emparer d'un pays qu'ils revendiquaient pour eux-mêmes. La guerre est finie maintenant, mais l'animosité des Serbes envers le peuple du Kosovo persiste, parce qu'ils ont gagné leur guerre d'indépendance et accompli la séparation des deux pays.

Chapitre V

Histoire de Nandu, du Bhoutan

Je m'appelle Nandu et je suis né le 21 juin 1977 dans le district de Tsirang, dans la région sud du Bhoutan. Je n'ai pas de certificat de naissance, car je suis né dans un des bâtiments de la ferme familiale, une pratique commune pour les habitants du Bhoutan qui demeurent loin de l'hôpital. Je suis le quatrième enfant né dans ma famille, après mes deux frères aînés, Narapati et Tika Ram et ma sœur Padma.

Vers mes six mois, nous avons déménagé à Sarpang, un village situé plus au sud. Mon père voulait se rapprocher de la frontière indienne dans le but de faire du commerce dans les régions urbaines, ce qui était difficile à partir de la campagne.

J'ai grandi à Sarpang. C'est là que ma mère a donné naissance à Maya, Narayan et Som, mes plus jeunes sœur et frères. Dorénavant, nous étions sept.

Mes parents, avec l'aide de mes frères aînés, s'occupaient de la ferme, faisant pousser du riz et des légumes qu'ils allaient ensuite vendre. L'argent gagné servait à acheter notre propre nourriture et les autres biens nécessaires. Mon père faisait des tours en ville au magasin local et se procurait tout ce qui nous manquait pendant que ma mère prenait soin des enfants et cuisinait pour notre grande famille.

Alors que j'avais treize ans, l'ami de mon père a parlé à mon père d'une fille d'un village éloigné. Tout a été organisé pour que Narapati, mon frère aîné, la rencontre avec l'espoir de conclure un mariage. Mon père et mon frère sont donc partis pour ce village situé à cinq cents kilomètres de chez nous. Mon frère a passé quelque temps avec cette fille, puis la date du mariage a été fixée. Nous étions plus de cinquante personnes; tout le village et la famille de la mariée s'étaient retrouvés chez nous pour les festivités. Ce fut une journée merveilleuse. Nous avons dégusté des mets des plus variés ; il y a eu de la danse et toutes sortes d'activités festives. Les nouveaux mariés se sont installés avec nous. Notre maison pouvait accueillir tout le monde et le terrain était assez grand pour y faire pousser toute la nourriture voulue. Peu de temps après, mon frère aîné et sa femme donnaient naissance à leur premier enfant.

J'ai commencé à fréquenter l'école à l'âge de six ans. J'aimais beaucoup aussi bien l'école que mes enseignants. Ils venaient de la région de Kerala, au sud de l'Inde. L'État du Bhoutan les avait engagés car ils étaient considérés comme étant très cultivés.

J'étais en sixième année et venais juste de terminer les examens de mi-parcours au moment où un assaut de l'armée s'est produit dans l'ouest du Bhoutan. Le roi avait ordonné que toute personne d'origine étrangère vivant au Bhoutan quitte le pays. De plus, il serait interdit de parler ou de se faire éduquer en langue népalaise.

Nous n'étions pas vraiment conscients de ce qui se tramait lorsque tout cela a commencé. Un jour, nous étions en train d'étudier un sujet en népalais, notre langue maternelle, et, soudain, des gens sont apparus et ont brûlé tous les livres venant du Népal. Ensuite, la situation évolua rapidement et il était désormais hors de question d'étudier en népalais. Trois ou quatre mois plus tard, les enseignants nous ont communiqué des nouvelles très inquiétantes : notre sécurité était en péril à l'école. Celle-ci a donc été fermée et nous fûmes renvoyés à la maison. Ce jour-là, j'ai marché rapidement vers la maison, avec mes amis ; nous étions tous très effrayés. Partout, nous rencontrions des policiers et des camions militaires remplis de soldats arborant leurs armes. Les habitants du village voisin couraient en tous sens, en état de panique. J'ai vu des gens se faire arrêter et mettre à l'écart debout derrière les camions. Mes amis et moi étions terrifiés. Certains parlaient de meurtres dans d'autres régions du pays. Mes parents attendaient mon arrivée avec inquiétude et, une fois rendu à destination, ils m'ont accueilli d'une chaleureuse étreinte.

Aucun de nous ne s'est aventuré à l'extérieur durant cette période de soulèvement. Deux ou trois mois ont passé, puis nos voisins ont reçu la visite de l'armée et de la police. Ma famille se tenait dans la salle commune, et attendait le pire. Peu de temps après, les autorités sont venues cogner à notre porte pour nous informer que nous avions quinze jours pour partir et que cette maison n'était plus la nôtre. « Vous ne pouvez pas vivre ici », « Vous n'avez aucun droit de vivre ici dans ce pays », dirent-ils d'un ton sévère.

Mes parents ont décidé que nous devions partir le plus tôt possible. Nous avons appris, par la suite, que certains villageois avaient décidé de rester. L'armée s'en est mêlée et a mis à feu toutes les maisons de notre village. Tous ceux qui ne voulaient pas partir ont été arrêtés.

J'avais quinze ans lorsque nous avons quitté notre maison. Je me souviens de tout. Nous étions dix en tout : mes parents et huit enfants. Nous avons traversé la frontière pour atteindre le village indien d'Assam. Nous sommes restés chez des parents pour une semaine, le temps d'organiser notre départ en autobus vers le Népal. Mon père avait apporté un peu d'argent qui a servi à payer le trajet d'autobus. Une fois arrivés au Népal, rien n'avait été organisé pour les réfugiés bhoutanais obligés de fuir, alors mon père a loué une maison au village. Il lui était interdit de travailler et, avant la fin de

---

1991, tout l'argent que nous avions était épuisé. Nous savions qu'il y avait des installations en place et nous n'avons pas eu d'autre choix que de nous rendre à ce camp de réfugié temporaire, le camp Maidhar, installé près d'une rivière au Népal.

Notre expérience dans nos nouvelles installations fut terrible et bouleversante. Une pièce de plastique et quelques branches de bois nous ont été données afin de nous construire un abri. Nous n'avions ni vêtements, ni draps et à peine de quoi nous nourrir. Les bâtiments se trouvaient juste à côté de la rive sèche de la rivière. Durant l'été, la poussière montait et s'engouffrait dans notre abri, jetant tout à terre.

Les particules de poussière entraînées par les vents forts s'infiltraient dans tous les orifices de notre corps et dans nos maigres possessions. Beaucoup d'entre nous sont devenus très malades. Une maladie bactérienne, qui se manifestait par du sang dans les fèces, s'est vite répandue dans le camp. Les services de santé ne suffisaient pas à répondre à la demande pour traiter la maladie, alors les morts se sont multipliés.

Dans ma famille, nous avons tous fini par avoir du sang dans nos selles, mais notre système immunitaire fort nous a permis de survivre. La plupart des personnes décédées étaient de jeunes enfants ou des personnes âgées.

La bactérie en cause provenait de l'eau. Par manque de latrines, les gens se soulageaient où bon leur semblait. Le long de la berge, une petite forêt faisait office d'installation sanitaire. Les gens allaient s'y soulager et leurs excréments finissaient par se mêler à l'eau de la rivière. Nous étions au moins trois mille et nous n'avions pas d'autre choix que de boire l'eau provenant de la rivière où tout le monde se baignait et se lavait. Nous sommes restés à cet endroit de six à huit mois. C'était horrible.

Lorsque les vents se levaient et que la pluie tombait en trombes, nous restions debout toute la nuit, prenant notre tour de garde pour tenir la frêle toile de plastique qui nous servait de toit. Nous pouvions difficilement nous rendormir et, au matin, le nombre de morts avait augmenté à cause des conditions de vie épouvantables.

Mes amis et moi marchions souvent autour des abris et nous comptions les corps. Un jour, nous en avons compté plus de cinquante. Cela arriva souvent.

Pour se procurer de la nourriture, il fallait faire la queue près d'un temple installé à l'entrée du camp. Les Nations Unies distribuaient du riz, quelques légumes et des lentilles. Nous allions recueillir des branches dans la forêt pour le feu et nous faisions cuire la nourriture dans des casseroles apportées du Bhoutan. Mais notre faim était rarement assouvie.

Après six mois de misère absolue, les camps de réfugiés officiels ont été ouverts. Il y en avait sept au total et nous avons été envoyés à Beldagi 1, un camp d'environ vingt-deux mille âmes. Je ne connais pas les chiffres exacts, mais ce nombre en faisait le deuxième camp en importance, en termes d'habitants. Notre camp était divisé en sept secteurs. Nous habitions le secteur D, sous-secteur 1, et nos cabanes portaient les numéros 75 et 76. Nous avions une cabane double en raison de la taille de notre famille. Du kérosène pour les lampes à l'huile et du charbon nous ont été donnés pour la cuisine, mais nous leur préférions généralement le bois de chauffage, plus simple d'utilisation. Les Nations Unies ont fini par nous donner un meilleur four à bois.

À notre arrivée, nous partagions la cabane double avec mon frère aîné et sa femme, alors parents de trois enfants. Quand j'ai eu 16 ans, ma sœur Padmé s'est trouvé un mari dans un autre secteur du même camp et a donc déménagé chez lui. Ils ont fondé une famille de trois enfants.

Peu de temps après, mon frère Tika Ram s'est marié avec une fille du secteur Bedangi 2. Habituellement, lorsqu'un couple se marie, la femme suit son mari, mais comme nous étions déjà plus de huit ou neuf dans le même abri, mon frère a été autorisé à se séparer de nous quelques mois après son mariage. Il a eu son propre abri, nous donnant de ce fait plus d'espace. Ils ont eu quatre enfants ; notre famille s'agrandissait rapidement.

Entre 1992 et 1995, j'ai étudié de la 7e à la 10e année à l'école du camp, en vue d'obtenir mon diplôme de fin d'études. Au milieu de l'année 1995, j'ai dû me rendre de l'autre côté de la frontière, en Inde, pour poursuivre mes études de 11e et 12e année.

Au début de chaque session, les enseignants nous donnaient l'emploi du temps de la session. Ils ne prodiguaient pas de cours magistraux proprement dits, mais plutôt des cours à distance. Le sujet des examens était donné durant un cours dirigé, puis libre à chacun de se préparer en conséquence. Tous les quinze à vingt jours, nous retournions à l'école pour passer un examen, qui devait être passé dans les deux jours suivant la date fixée.

Une bibliothèque était à notre disposition. Il ne coûtait rien d'y entrer, mais il fallait parfois payer pour les livres. J'ai pris beaucoup de plaisir à étudier là-bas et à préparer mes travaux scolaires. J'arrivais donc tout à fait prêt à mes cours et j'avais des questions préparées pour l'enseignant si j'avais besoin de plus d'explications.

Nous avions des devoirs à la maison, mais pour les examens, nous devions prendre plusieurs autobus pour nous rendre à l'école, un trajet de trois à quatre heures. J'effectuais le trajet en bonne compagnie, avec mes amis, et nous partagions une chambre pour économiser. Si la chambre coûtait 500 roupies, nous payions 250 roupies chacun. Nous devions aussi payer le trajet d'autobus. Je travaillais pour les services de santé au camp ; j'assistais les médecins dans la distribution de médicaments. L'argent que je gagnais payait mes études en Inde.

En 1996 – j'étudiais et travaillais à l'époque – j'ai commencé à fréquenter une fille de mon camp que j'appréciais beaucoup. Nous sommes tombés amoureux : quel sentiment merveilleux! Durant un an, nous avons appris à nous connaître. À chaque rencontre, nous discutions de la façon dont nous pourrions améliorer nos vies et en finir avec les épreuves et le stress vécus au camp. Elle était proche de sa mère et, en tant qu'enfant aînée, elles parlaient de tout ensemble. Un an plus tard, j'ai voulu l'épouser. Son père étant décédé, impossible de lui demander la main de sa fille. C'est sa mère qui nous a donné sa bénédiction pour le mariage. Je me sentais extrêmement honoré, car un grand nombre d'entre nous faisaient des mariages arrangés, alors que le mien serait un mariage d'amour. Personne ne m'avait imposé ma femme. Nous nous retrouvions ensemble de notre propre gré. Nous vivions un moment privilégié.

Nous nous sommes mariés en 1997. Je devais avoir 20 ans lorsque ma femme nous a rejoints dans l'abri familial. Deux ou trois mois plus tard, mes parents ont accepté de séparer l'abri en deux et nous avons pu profiter de plus d'intimité. Nous ne cherchions pas à vivre dans un endroit séparé, mais il nous fallait plus d'intimité. La même année, j'ai aussi commencé mes études universitaires, ce qui m'a amené à faire des va-et-vient des deux côtés de la frontière avec l'Inde. C'est à cette époque que j'ai appris à parler l'hindi.

De façon générale, le temps passé au camp de réfugiés fut une période difficile pour mes parents. Ils n'avaient pas d'argent et mon père ne pouvait pas sortir du camp pour se trouver un emploi. Cette situation les contrariait et je les entendais souvent parler de l'époque où ils étaient propriétaires de leur domaine et du confort passé en comparaison avec les épreuves qu'ils vivaient désormais. Malheureusement, la nourriture manquait trop souvent et ils vécurent une période de dépression en prenant conscience des changements drastiques auxquels ils étaient soumis.

Notre premier fils, Nissan, est né en 1998. Il était si mignon. Au début, nous ne voulions qu'un enfant, donc nous nous procurions les contraceptifs disponibles au camp. Sept années se sont écoulées, puis ma femme en a voulu un autre ; elle désirait une fille. Notre magnifique enfant est née en 2006. Nous étions si heureux d'avoir un garçon et une fille. J'ai commencé à enseigner l'anglais à l'école du camp et l'argent que je gagnais me servait à faire vivre toute la famille.

En 2008, après dix-huit ans de vie en camp de réfugiés, les Nations Unies ont posé une affiche et laissé des dépliants au bureau de poste. Ces publications expliquaient la procédure et les règles à suivre pour émigrer dans un autre pays. J'ai étudié les brochures et j'en ai conclu que si nous voulions offrir à nos enfants de meilleures conditions de vie, nous devions quitter le pays. Beaucoup d'entre nous ont été systématiquement envoyés aux États-Unis, sans qu'ils l'aient choisi. J'étais sceptique à cause des nouvelles qui nous parvenaient au sujet de l'attaque du World Trade Centre, sans compter les autres nouvelles horrifiantes au sujet de meurtres quotidiens dans ce pays. Il n'était pas question de prendre un tel risque pour ma famille. J'ai fait mes recherches sur le Canada et il m'a semblé que le pays convenait parfaitement à nos besoins. J'ai soumis ma demande à l'Organisation internationale pour les migrations. Leur bureau était situé à cinq ou six kilomètres de Pedak et il fallait s'y rendre pour poursuivre les démarches. Mon épouse et moi avons emprunté la bicyclette de mon frère pour nous y rendre. J'étais le premier à décider de partir. Après en avoir terminé avec les procédures, les autres membres de ma famille ont suivi mes pas.

Tous les soirs, je me rendais au bureau de poste dans l'attente fébrile d'une lettre à mon adresse. Cette lettre est finalement arrivée. Elle annonçait que nous avions été acceptés par le Canada et que nous devions arriver d'ici la fin de l'année. La veille de notre départ, tous mes amis de l'école ainsi que ma famille se sont rassemblés pour notre grande fête d'adieu. J'avais alors trente-trois ans et ma femme en avait trente-deux. Les enfants étaient âgés de dix et deux ans.

À bord de l'avion, nous étions nerveux et fébriles à la fois. C'était notre première expérience de vol. Nous avions pris deux autobus dans l'est du Népal pour arriver à Katmandou où nous attendait notre avion. Après quelques jours à Katmandou, nous sommes partis vers Delhi et puis vers Montréal, en passant par Zurich. De Katmandou à Montréal, le trajet a duré près de vingt-quatre heures. Notre groupe était constitué de six familles de réfugiés et nous étions tous très fatigués.

Nous sommes arrivés à l'aéroport de Montréal le 8 décembre 2008. Un interprète nous y attendait, en plus de Line Chaloux, la femme exceptionnelle qui a rendu notre immigration au Canada possible.

Il faisait -20 °C à notre arrivée. Après avoir pris nos mesures, nos bienfaiteurs nous ont donné des manteaux, des bottes et un couvre-chef. Un journaliste nous a abordés à l'aéroport pour savoir nos impressions. J'étais tellement fatigué que j'avais à peine conscience de ce que je disais, ou du moins je ne m'en souvenais guère en partant de là. Lorsque j'ai finalement vu l'entrevue, quelques jours plus tard, nous avons tous ri de mon regard à moitié endormi et ce n'est qu'à ce moment-là que j'ai su ce que j'avais dit. Un autocar nous attendait tous. À l'hôtel, nous avons été reçus avec des gâteaux, des fruits et d'autres aliments, mais nous étions tous trop fatigués pour y goûter. Nous y avons passé huit jours. Line venait souvent nous voir pour s'assurer que nous avions tout ce dont nous avions besoin. Mes enfants sont tombés malades durant trois ou quatre jours en raison du voyage et des changements soudains de nourriture et d'environnement. Nous leurs avons donné des pilules contre le vomissement. Mon épouse et moi pouvions à peine manger nous-mêmes. Malgré l'abondance de nourriture, nous ne pouvions tolérer l'odeur des aliments. Nous ne buvions que de l'eau et du jus. Notre adaptation s'est faite en douceur. Au neuvième jour, nous avons déménagé dans notre nouvel appartement.

Le changement de décor fut agréable. On nous a emmenés au marché local où nous avons choisi notre propre nourriture, nos propres légumes : du chou-fleur, du brocoli, des lentilles, du riz... Nous avons commandé du poulet, car nous ne pouvions trouver de la chèvre, notre nourriture habituelle au camp. Quelle joie d'avoir une maison, de préparer nos propres mets, ceux que nous connaissions! Durant cette première semaine d'installation, les gens du centre local le Coffret venaient nous voir pour savoir si nous manquions de quoi que ce soit. Quand mon fils a commencé l'école, moins d'une semaine plus tard, des employés du le Coffret sont venus le chercher et l'ont présenté à ses nouveaux camarades.

Quant au reste de la famille, nous restions la plupart du temps à l'appartement. Puis il a neigé. C'était la première fois que nous voyions de la neige. Nous la regardions tomber tous les jours sur les montagnes. C'était un spectacle fascinant, à l'époque. J'ai décidé de la toucher. J'ai enlevé mes gants et j'en ai mis dans ma main, pour un court instant du moins, jusqu'à ce que je comprenne à quel point c'était froid. Quelques semaines plus tard, nous étions inquiets, nous demandant combien de temps il ferait froid encore.

Une tutrice aidait mon fils à apprendre le français et nous l'a enseigné par la même occasion. En deux mois, nous avons commencé à apprendre la langue et elle nous a assuré que la température s'adoucirait avec l'approche de l'été. Nous ne la croyions pas, mais avril est arrivé et la température est devenue plus clémente.

Nous avons eu besoin de temps, mais nous avons fini par bien nous installer dans notre nouvelle vie. Nous étions en contact avec toute notre famille au Népal. Nous avons appris que nos parents ne s'entendaient pas sur le pays où s'installer : mon père voulait déménager au Canada, et ma mère aux États-Unis. Finalement, mon père a décidé de venir au Canada avec un de mes frères et sa famille. Ils sont arrivés ici vers la fin de 2010. Ce fut une telle joie de retrouver une partie de la famille. Ma mère est partie aux États-Unis avec mon autre frère, Narayan, et mes sœurs. Nous leur parlons souvent, ainsi qu'à mon frère Nerapati qui est resté au Népal avec sa famille. Il avait besoin d'en savoir plus sur mon expérience au Canada avant de décider de nous rejoindre.

Nous aimerions visiter le Népal, un jour, lorsque nos moyens nous le permettront, voire même le Bhoutan. En ce moment, cependant, il nous est interdit d'y retourner. Je suis encore secoué lorsque je me souviens ou que je discute de comment la police et l'armée ont traité les Bhoutanais d'origine népalaise. L'État était responsable de ces injustices. Je crois qu'il y a encore autour de trente mille réfugiés dans les camps. Heureusement, ils sont graduellement envoyés dans d'autres pays où ils connaîtront une vie meilleure.

Cela fait déjà plus de cinq ans que toute cette histoire s'est déroulée. Notre famille est presque entièrement intégrée et nous sommes en voie d'obtenir notre citoyenneté canadienne. Outre la paperasse administrative nécessaire à l'achèvement des procédures, nous sommes reconnaissants d'être ici. Ma femme a commencé une formation pour être assistant chef. Pour ma part, j'interviens comme interprète pour pratiquer mes habiletés en langues et aider les autres à s'intégrer. Nous nous sommes fait des amis merveilleux et, une fois l'adaptation au climat et l'apprentissage de la langue réussis, notre vie s'est améliorée. Mes enfants adorent jouer dans la neige et ils participent à toutes les activités hivernales offertes ici.

Deuxième Partie
Histoires de réfugiés II

Chapitre VI

Histoire d'une réfugiée du Bhoutan

Je m'appelle Bishnu et je suis née en 1977 dans une petite ville rurale de Salbandi Gou, au Bhoutan, de parents de foi hindoue. À ma naissance, mes parents étaient submergés de joie et soulagés à l'idée d'avoir donné la vie parce qu'ils avaient eu onze enfants avant moi, dont quatre étaient décédés tragiquement de maladie grave.

Pour pouvoir subvenir aux besoins de leur grande famille, mes parents avaient besoin de déménager sous un climat plus chaud qui leur permettrait de varier les plantes cultivées et d'améliorer ainsi leur revenu. Bien que leurs trois premières filles soient déjà mariées et avaient décidé de rester dans le nord du Bhoutan, ils avaient encore sept enfants à élever. Je n'ai pas été particulièrement proche de mes sœurs aînées à cause du fait qu'elles habitaient si loin dans le nord du pays et que je n'avais pas eu la chance de bien les connaître.

Au cours de la première année de l'installation de mes parents dans le sud, en 1971, quatre de leurs enfants –tous âgés de moins de cinq ans–moururent. Il ne leur restait que trois fils en vie : Puspalal, Yaduram et Gangaram. La perte de quatre enfants en une année leur avait causé une peine indescriptible. Personne ne savait réellement ce qui avait causé la mort de ces enfants, mais les gens croyaient que c'était lié au déménagement du climat froid du Bhoutan nordique vers le climat subtropical chaud et humide du sud. Les quatre enfants décédés avaient été enterrés à proximité de la maison. Un an plus tard, mes parents eurent une petite fille, Tulasha, que je suivis six années plus tard.

Au Bhoutan et au Népal, il y existe environ deux-cents classes sociales. Ma famille appartient au plus haut rang, les Brahmins. Tous les garçons Brahmins étaient abilités à devenir des prêtres. Mon père avait initié mes frères à la religion hindoue et dès l'âge de cinq ans, ils étaient tous envoyés à l'école religieuse, pour les former à devenir prêtres. À l'école, on leur enseignait aussi le népalais et l'anglais. Yaduram fut marié à l'âge de treize ans et envoyé en Inde où il pouvait poursuivre des études approfondies et devenir un chef de file dans son domaine. Mon père et mes frères Puspalal et Gangaram étaient classés des Brahmin Pupete et mon frère Yaduram quant à lui, un Brahmin Panite (une classe légèrement plus élevée). Les différentes classes étaient fonction du niveau d'éducation accompli.

Je restais à la maison pour aider ma mère et ma sœur avec le ménage et j'aidais aussi dans les champs. Dans ma sixième année, ma mère accoucha de ma sœur Chandra Kala et cinq ans plus tard, elle donna naissance à une autre fille prénommée Bima Devi. Ma mère n'arrêtait pas de tomber enceinte parce que la contraception n'était pas une pratique courante.

Ma mère était une petite femme qui ne parlait pas beaucoup. Toutefois, elle était une femme extrêmement forte qui s'occupait du foyer tout en travaillant également dans les champs. Elle m'a appris à cuisiner et je suis devenue la meilleure cuisinière de la famille. J'aimais ces moments partagés avec elle. Un de mes plats favoris était fait de riz, de lait, de sucre et de cardamome (un plat simple mais savoureux). Les garçons étudiaient et pratiquaient activement l'Hindouisme et comme il était contraire à la religion de consommer de la viande, seules les filles mangeaient du poisson et de la viande. On nous apprenait à cuisiner toutes sortes de mets. Après la préparation des repas, il était important que les mets soient servis dans des assiettes séparées afin que chacun puisse prendre ce qu'il ou elle pouvait manger. À la fin du repas, nous faisions la vaisselle et commencions la préparation du repas suivant. Quand mes frères partaient étudier, nous embauchions des travailleurs pour nous aider avec les travaux champêtres et la pêche pour qu'il y ait toujours assez de nourriture pour la famille nombreuse.

Nous-mêmes nous cultivions la moitié de notre champ et laissions l'autre moitié aux bons soins des travailleurs embauchés. Nous vendions tous les produits de notre terre et les noix à elles seules rapportaient 45 000 roupies par an.

Nous avions deux maisons sur notre terre, de nombreuses vaches, des moutons et des chèvres et nous pouvions récolter de la canne à sucre, du maïs, des grains, des épinards, du coton et toutes sortes de légumes. À chaque nouvelle saison, de nouvelles cultures étaient requises. Nous ne faisions pas d'approvisionnement à l'extérieur parce que la terre nous fournissait tout ce dont nous avions besoin. Mes sœurs et moi trayions les vaches et faisions du beurre avec le lait de vache. Nous vendions le lait et le beurre à des magasins. Par moments, nous vendions aussi des animaux, mais en général surtout des vaches. Il arrivait que nous vendions aussi de petites parcelles de terrain pour faire rentrer de l'argent parce que c'était un immense domaine.

Nous étions toujours occupées, soit à travailler la terre, ou à aider notre mère. Je me rappelle que mon père et mes frères se levaient à 4h00 chaque jour et allaient prier dans le temple qu'ils avaient construit dans notre maison. Ils étudiaient aussi dans le temple au cours de la journée et plus tard en soirée, entre 18h00 et 19h00, ils priaient à nouveau. Quelques fois, mon père invitait d'autres personnes à prier avec nous et ils chantaient une prière ensemble.

Mon frère Puspalal se maria et sa femme et leur premier enfant nous rejoignirent dans la maison. Yaduram était aussi marié mais s'absentait souvent pour aller étudier en Inde. Nous autres partagions le quotidien sur notre terre.

En 1992, alors que j'avais treize ans, mes parents reçurent une lettre du gouvernement les informant que la police viendrait dans la maison à une date précise. Je ne savais pas ce qu'il y avait d'autre d'écrit dans cette lettre, mais j'entendais mes parents parler dans la pièce voisine et j'avais vu qu'ils pleuraient lorsque j'ai regardé à travers la fenêtre. Ma sœur Tulasha avait lu la lettre et elle stipulait que les autorités viendraient violer et prendre ma mère à une date précise. Je n'ai pas conservé de copie de la lettre avec moi parce que si un quelconque fonctionnaire venait à saisir quelque document sur un individu, cette personne était classée « mauvais réfugié», ce qui signifie une basse catégorie de réfugié. Même les autorités népalaises étaient prêtes à emprisonner quiconque était surpris en possession de tels documents.

Dans les deux jours qui ont suivi la réception de la lettre, nous sommes partis pour l'Inde abandonnant notre maison et nos possessions, les animaux et nos récoltes.

Mes parents ne nous donnèrent pas de détails. Ils avaient les yeux constamment remplis de larmes. Ils avaient pris cette décision pour éviter qu'aucun de nous ne soit violé ou tué.

Nous avions pris la route au milieu de la nuit pour éviter d'être vus pas les autorités. Je me souviens de cette nuit éclairée par la pleine lune. Elle nous donnait assez de lumière pour marcher à travers la forêt et au-delà de la frontière indienne. Nous parents nous guidaient et je tenais la main de ma sœur Chandra Kala.Tulasha tenait celle de notre benjamine Bima Devi qui avait huit ans à l'époque. Mon grand frère Puspalal guidait sa femme et leur jeune enfant. Nous étions dix au total vu que Yaduram était toujours aux études en Inde. Comme nous n'habitions pas loin de la frontière, la traversée nous avait pris une demi-heure.

En Inde, nous avions trouvé l'hospitalité chez des amis à mon père. Nous sommes restés dans leur maison pendant trois semaines. Mon père essayait de nous obtenir l'autorisation de demeurer en Inde, mais les autorités indiennes n'acceptaient pas de réfugiés bhoutanais. Mon père n'avait pas d'autre choix que de louer un autobus pour nous conduire au Népal. Mais mon frère Gangaram ne voulait pas aller au Népal. Ses amis du Bhoutan lui avaient dit qu'ils comptaient aussi aller s'installer en Inde, mais lorsqu'il réalisa qu'il ne pouvait pas rester en Inde, il préféra retourner au Bhoutan pour rejoindre ses amis. À la frontière du Bhoutan, on lui dit qu'il ne pouvait pas retourner dans le pays et il fut jeté en prison. Je n'arrêtais pas de demander à mes parents ce qui se passait, mais ils me répondaient invariablement : « Nous allons au Népal ». Je n'arrêtais pas de me demander pourquoi nous allions au Népal. Je pensais que nous retournerions chez nous au bout de quelques jours. Le bus arriva au Népal au bout de sept heures. Une fois au camp, nous devions passer les six premier mois tous entassés dans un refuge. Ce fut une sale aventure pour nous parce qu'il n'y avait pas d'eau, pas d'aire de repas et beaucoup de maladie, souvent la diarrhée, à cause du changement de régime alimentaire. Le camp était tout à fait surpeuplé et les autorités ne pouvaient simplement rien faire à ce niveau. Il y avait plusieurs groupes religieux présents dans le camp : des bouddhistes, des hindous, des catholiques et autres chrétiens.

Nous faisions un rang pour prendre de l'eau et lorsque les robinets étaient ouverts, nous devions pomper l'eau dans nos seaux. Bien que les Nations Unies nous donnaient de petites quantités de nourriture chaque semaine, de nombreuses personnes étaient malnutries. Je n'avais jamais vécu de la sorte et ce fut une épreuve pour chacun. Nous avions gagné beaucoup d'argent grâce aux produits de notre ferme au Bhoutan et mon père avait apporté une partie de cet argent avec nous. Au bout de six mois, il négocia un meilleur logement pour nous et nous fûmes transférés dans un camp plus petit de 2 700 personnes et une habitation plus convenable. En réalité, nous avions alors deux maisons. Mes trois sœurs et moi partagions la maison principale avec nos parents tandis que mon frère Puspalal en occupait une autre avec sa famille. Mon frère Yaduram rentra de l'Inde pour retrouver sa femme Harimaya qui était retournée vivre avec ses parents. Harimaya et moi étions proches.

Dans le nouveau camp, les conditions de vie étaient de loin meilleures à celles du premier camp. Quand Tulasha eut seize ans, un homme vint la demander en mariage. Mes parents acceptèrent et elle s'en alla vivre avec son mari dans un autre refuge. Nous nous sommes toutes mariées dans le camp et nos parents choisirent nos partenaires de vie et l'endroit où nous vivions, exception faite de Bima Devi. Mes sœurs aînées vivant au nord du Bhoutan nous rejoignirent au Népal avec leurs familles mais nous vivions dans des camps séparés, compte tenu de l'endroit où leurs époux étaient placés.

L'année de mes 18 ans, mes parents se sont faits amis avec l'un de nos voisins dont le neveu, du nom de Dhan Lal, prenait souvent de mes nouvelles. Mes parents rendaient visite à sa famille et j'avais aussi eu l'occasion de lui parler. Il avait vingt-deux ans et je l'appréciais énormément. Il vivait dans un camp avec son frère parce que leurs parents étaient restés au Bhoutan. Il était assez proche de son oncle et un jour, accompagné de ce dernier, il vint demander ma main en mariage. Mes parents acceptèrent et un an plus tard, nous étions mariés. Dhan Lal vivait dans un camp différent et je quittai mes parents pour le rejoindre. Le camp où nous vivions comptait quelque 22 000 personnes et ce fut donc un gros changement pour moi.

L'organisation était similaire à celles dans les autres camps en ce qui concerne les rangées allouées allant de A, B, C, à la lettre K. Il y avait une toilette partagée installée entre chaque paire de refuges. Chaque jour, chaque famille se voyait assigner une lettre et en fonction de la lettre que l'on recevait, l'on savait à quelle heure venait notre tour d'aller à la pompe d'eau.

Je commençai à confectionner des chapeaux traditionnels pour hommes et à les vendre. Notre premier enfant vint au monde en 1998. Ce jour-là, Dhan Lal, aidé par deux de ses amis, me transporta à l'hôpital sur un brancard. Ils portaient le brancard à tour de rôle jusqu'à ce que nous croisions un camion qui me conduisit à l'hôpital situé à 30 minutes de là où nous étions. Je suis restée à l'hôpital une journée. Lorsque je suis rentrée au camp, ma belle-sœur Harimaya est venue m'assister et me tint compagnie jusqu'à la fin de la période de visites au bébé. Entre-temps, je continuais à vendre mes chapeaux au magasin de produits divers installé dans le camp.

Mon époux voulait mieux pourvoir à sa famille et comme nos besoins augmentaient, il quitta le camp pour aller travailler à Katmandou comme charpentier sur les chantiers de constructions. Il nous appelait occasionnellement pour nous donner de ses nouvelles et nous aviser qu'il nous enverrait de l'argent par le biais de tierces personnes. Ce n'était jamais beaucoup d'argent, mais c'était toujours mieux que rien. Il est resté absent pendant deux ans et demi.

En 2000, mon père est décédé et j'ai envoyé un message à Dhan Lal pour lui demander de rentrer. Il est resté trois semaines et est reparti cette fois-ci pour trois ans. La seconde fois qu'il est rentré, il est resté une année et c'est en ce moment que je suis tombée enceinte de ma deuxième fille.

Dhan Lal partit du camp en 2003 et disparut. Personne ne sait ce qu'il est advenu de lui. Sa disparition de nos vies a été un coup dur pour moi. Il m'a énormément manqué et me manque encore. Les enfants n'ont jamais connu leur père et ce manque fait partie intégrante de leur vie. Mon voisin du camp surveillait les enfants quand j'étais occupée. Je suis restée à la maison à veiller sur elles et à vendre des chapeaux jusqu'à ce qu'elles commencent l'école.

En 2007, j'ai eu vent de la possibilité d'immigrer ailleurs. Ma mère ne voulait pas que nous quittions le camp, mais je voulais un avenir meilleur pour mes filles. L'Australie était notre première option, ensuite nous avons sélectionné le Canada. Au bout de six mois d'attente, nous avons appris que le Canada acceptait notre demande d'immigration. J'étais enchantée par la nouvelle.

Il y a eu une fête d'adieu dans la demeure de ma mère la veille de notre départ. Tout le monde s'est joint à nous. Notre voyage a commencé le 5 décembre, 2008 et nous sommes arrivées à Montréal le 8 décembre.

J'ai appelé ma famille au Népal pour les informer que tout allait très bien ici. Mes filles ont commencé l'école et j'ai commencé par prendre des cours de français. Me retrouver livrée à moi-même était un changement majeur pour moi. Toute ma famille était restée dans le camp. Mon autre sœur, elle aussi, a fini par immigrer aux États-Unis. Ma mère était très affligée de voir ses filles partir loin d'elle. En mai 2009, au cours d'une conversation téléphonique, elle me dit qu'elle avait changé d'avis et qu'elle voulait nous rejoindre au Canada.

En juin 2009, Yaduram m'annonça que notre mère avait fait une chute et s'était cognée la tête ; elle était ensuite tombée malade et au bout du sixième jour, elle avait rendu l'âme. Sa femme et lui étaient restés à son chevet tout le temps. Je repense sans cesse à la dernière fois que j'ai vu ma mère, ce soir où mes filles et moi quittions le Népal. Elle avait 70 ans en ce moment. Je me rappelle nos conversations téléphoniques. Elle n'était pas habituée au téléphone et ne pouvait pas bien entendre non plus, alors elle le tenait tout près de son oreille et parlait à haute voix. Elle m'avait dit qu'elle m'aimait et avait commencé la procédure pour nous rejoindre. Cela ne s'est jamais produit et elle s'en est allée alors que j'étais si loin d'elle. J'ai beaucoup prié à son décès. Elle me manque. J'ai perdu mes deux parents, mon frère Gangaram est toujours en prison… et mon mari a disparu. Pour toute notre fratrie, les événements ont été éprouvants.

En 2011, mon frère Yaduram et sa femme Harimaya ont immigré au Canada avec leur famille. Les avoir ici avec moi m'a procuré une joie immense. Cela a eu un effet positif majeur sur mon état émotionnel.

Trois ans avant leur arrivée au Canada, mon frère Yaduram avait pu rendre visite à notre frère Gangaram en prison ainsi qu'il avait réussi à le faire une fois par an grâce à un organisme établi au Népal. Par Yaduram, j'avais appris qu'au début de son arrestation, Gangaram avait été torturé pour le punir d'avoir tenté de retourner au Bhoutan. En conséquence des sévices subis, il a ses bras et ses jambes cassés et tout son corps meurtri. Les mauvais traitements n'ont cessé qu'en 2002, sur l'appel de l'organisme à faire cesser la punition. Apprendre ce qu'il a subi fut effroyable. Mon frère avait dédié sa vie à la prêtrise et ne méritait pas de subir ces traitements abominables. Cela fait maintenant 23 ans qu'il est en prison. Il paraît qu'il est toujours en vie. Au cours de sa dernière visite, Yaduram avait réussi à emmener notre benjamine Bima Devi avec lui. Il semblerait que les conditions de vie dans la prison se soient un peu améliorées et Gangaram était heureux de voir des membres de sa famille.

Gangaram est dans sa quarante-quatrième année. Nul n'est en mesure de nous dire pourquoi on ne veut pas le relâcher. Il existe une politique de tous ces 'facteurs inexpliqués', alors nous ne savons pas exactement pourquoi il n'y a pas de recours. Voici un homme de bien jeté en prison pour avoir voulu entrer dans son propre pays. C'est injuste.

Mes jeunes sœurs Chandra Kala et Bima Devi vivent à présent aux États-Unis et nous communiquons souvent. Mes sœurs aînées (qui avaient entre-temps vécu dans le nord du Bhoutan) viennent de commencer le processus d'immigration aux États-Unis. La famille népalaise vivant aux États-Unis est large. D'après mes informations, il y a environ 60 000 réfugiés népalais là-bas et peut-être 6 000 au Canada.

En 2008, les bhoutanais clamèrent que leur pays était le meilleur endroit pour vivre. Le pays est devenu une destination touristique de choix et les visiteurs sont souvent confinés à certaines régions du pays. Je ne sais pas tout sur le Bhoutan, mais je sais comment notre peuple a été massacré, violé et emprisonné. Je me réjouis d'être ici au Canada et j'attends impatiemment de devenir citoyenne canadienne pour pouvoir rendre visite à ma famille aux États-Unis.

Chapitre VII

Histoire d'un réfugié de la RDC

Je m'appelle Antoine et je suis né en 1965. Mes parents ont eu six enfants dans la province et ville de Kinshasa, en République Démocratique du Congo (RDC).

Nous sommes tous nés à l'hôpital de Kinshasa et avons été élevés à la maison par mes parents. Ma sœur aînée s'est mariée quand j'avais cinq ans et est allée s'installer en Europe. J'ai commencé l'école en 1971, à l'âge de six ans, et j'aimais beaucoup aller à l'école. Je m'y étais fait de nombreux amis et nous parlions tous français. L'anglais était aussi enseigné, mais je trouvais la matière difficile, alors j'essayais de l'éviter. Quand mon jeune frère a commencé l'école, je gardais un œil sur lui pour m'assurer qu'il ne s'impliquait pas dans des activités indésirables.

Je m'entendais bien avec mes deux parents et les respectais de faire de nous des enfants bien élevés et de nous donner l'opportunité d'être éduqués en payant nos frais de scolarité. Ma mère était une femme au foyer et mon père était fonctionnaire d'État. Il possédait une voiture, ce qui nous permettait de nous déplacer facilement. Quand mes devoirs à la maison étaient terminés, j'aidais ma mère avec les tâches qui m'avaient été attribuées, comme le balayage. Et quand j'avais besoin de vêtements quelconques ou de fournitures scolaires, mes parents me les fournissaient. Je leur étais reconnaissant pour beaucoup de choses.

Un jour, alors que j'avais entre dix et onze ans, mon père est parti pour le travail un matin et n'est pas revenu. Nous l'avions cherché partout, dans tous les établissements locaux, les hôpitaux etc. Ma sœur était allée voir à son travail et personne ne savait rien. Elle finit par aller voir dans un camp de détention près de la maison du président Mobutu et l'y trouva. Des agents du gouvernement lui avaient rendu visite à son bureau et l'avaient détenu parce qu'on le soupçonnait d'être contre le président Mobutu. Son arrestation m'avait bouleversé.

Six mois plus tard, en rentrant de l'école un jour, je trouvai la montre-bracelet brisée et les lunettes de vue de mon père sur la table. Je l'entendais raconter à ses amis comment il avait été torturé et battu par les gardiens. Je comprenais que c'était une épreuve douloureuse pour lui, mais il ne me dit pas grand-chose de ce qu'il avait traversé. J'étais trop jeune pour tout saisir.

L'année de mes quatorze ans, ma deuxième sœur se maria et partit vivre avec son mari.

En 1981, mon père tomba gravement malade et me dit constamment qu'il n'allait pas bien. Cela se voyait qu'il souffrait énormément. Nous ne savions pas ce dont il souffrait et nous l'envoyâmes à l'hôpital. Mais trois ou quatre jours plus tard, il mourut. Son corps n'avait pas été autopsié et ses amis dirent qu'il avait pu être empoisonné lors de son séjour en prison et que le poison aurait mis quelques années pour produire tous ses effets. La perte de mon père à l'âge de seize ans fut très pénible pour moi. En fait, sa mort a eu un effet dévastateur sur toute la famille.

J'ai commencé à sortir avec des filles du quartier. Deux d'entre elles tombèrent enceintes au même moment et accouchèrent chacune d'une fille. Les petites filles vivaient avec leurs mères. Dans ma vingtième année, mon frère aîné se maria et quitta la maison pour s'établir avec sa femme. Je leur ai rendu visite pendant des années et j'aimais passer du temps avec eux.

J'ai terminé l'école secondaire en 1988 à l'âge de vingt-quatre ans, mais mes notes n'étaient pas assez bonnes pour me faire admettre à l'université. Il a fallu que j'étudie beaucoup plus sérieusement pour pouvoir obtenir une place à l'université.

En 1990, je fus admis à l'université et je quittai la maison familiale pour aller aux études. J'avais vingt-six ans et j'adorais le fait d'être dans un environnement académique. On m'annonça que ma troisième sœur s'était aussi mariée durant mon absence et était allée vivre avec son mari.

L'université m'a ouvert beaucoup de portes. C'était le temps où le président Mobutu était au pouvoir. Je devins membre de l'Union pour la démocratie et le progrès social (UDPS) qui était un parti politique d'opposition au président. Nous n'aimions pas la façon dont le gouvernement dirigeait le pays puisque toute personne que l'on jugeait opposée au gouvernement était brutalement arrêtée et dans de nombreux cas, tuée. Bon nombre d'étudiants voulaient agir et défendre la démocratie dans leur pays.

Vers la fin de l'année 1991, j'ai rencontré une femme que je voulais épouser et nous avons fait un mariage traditionnel. J'ai ensuite poursuivi mes études universitaires tout en continuant à m'impliquer totalement dans mon parti politique.

Le président Mobutu organisa une Conférence Nationale dans le but de réaliser quelques changements législatifs et élire en même temps un nouveau premier ministre. Nous étions en faveur de la conférence, mais avant sa tenue, le premier ministre en place est intervenu et a suspendu le débat national.

Les étudiants étaient très contrariés par cette action et l'un des groupes chrétiens présents à l'université organisa une manifestation pacifique pour protester.

La protestation eut lieu le 16 février, 1992. Au cours de la manifestation, des militaires armés arrivèrent dans des camions et encerclèrent notre groupe de sorte que personne ne puisse s'échapper. Deux des militaires se mirent à me frapper avec leurs matraques.

Ensuite, ils me prirent par une main et me traînèrent au sol sur une longue distance, puis me jetèrent à l'arrière de leur camion avec d'autres victimes. J'avais des plaies ouvertes partout et tout mon corps était sérieusement meurtri à cause de la bastonnade. Les militaires se tenaient debout au milieu des étudiants qui n'osaient pas dire un mot.

Ils nous transportèrent à la prison de Makala où ils firent partager une grande cellule à quinze à vingt d'entre nous. Ils me donnèrent d'abord un analgésique et un traitement minimal pour mes plaies. Je mis un mois pour me remettre de la bastonnade. Nous nous sentions malnutris puisqu'ils ne nous ont servi que du haricot tout le temps de notre détention. À aucun moment on ne nous a autorisés à nous défendre contre notre agression. Nous étions abandonnés là jusqu'à notre libération six mois plus tard. J'ai été forcé à signer un papier stipulant que je devais me présenter une fois par semaine aux fonctionnaires de la prison et ne pas me rendre à quelque aéroport ou frontière, ceci pour assurer que je ne quitte pas le pays. Il m'était également interdit de participer à quelque événement politique que ce soit.

Je me rendis directement à la maison où je retrouvai ma femme et ma mère. Elles étaient soulagées de me revoir sain et sauf et me supplièrent de me retenir de toute participation future à des manifestations. J'expliquai à ma mère que je voulais soutenir le parti qui essayait de prendre le pouvoir et changer nos leaders politiques. La mort de mon père y était pour beaucoup dans ma passion pour le changement.

J'étais perçu comme un étudiant qui n'avait pas peur de s'impliquer dans tout mouvement pouvant potentiellement apporter le changement et les autres me voyaient comme une personne influente. Mais j'étais devenu une cible pour la police dès ma première arrestation et je devais donc être prudent dans mon engagement. Notre liberté individuelle au sein de notre propre pays nous avait été arrachée et je croyais en la prise de position.

Je commençai à faire mon report hebdomadaire aux fonctionnaires de la prison et trois semaines plus tard, j'allai à une réunion organisée par mon parti politique. La réunion avait lieu dehors et le chef du parti faisait un discours dans un haut-parleur. C'était une réunion privée mais j'étais en alerte pour le cas où des militaires apparaîtraient et que j'aurais à m'enfuir, mais il n'y en avait pas en vue. Un homme s'approcha de moi et me dit qu'il y avait un individu assis dans un véhicule voulant me parler. J'ai cru que j'étais en sécurité et que c'était quelqu'un de ma connaissance. À mon arrivée près de la voiture, je fus poussé à l'intérieur et des hommes se mirent à me bastonner alors que la voiture roulait. Ils me dirent que j'avais été avisé de ne pas m'impliquer dans quelque activité politique que ce soit. Ils m'avaient battu durant tout le trajet et chaque coup rajoutait à ma douleur et à ma meurtrissure.

Ils me traînèrent dans une salle d'interrogatoire, versèrent de l'huile sur le sol et placèrent un objet à l'autre bout de la pièce. Ils me dirent de m'allonger et d'aller chercher l'objet en nageant. Mais je ne suis pas arrivé à le faire parce que l'huile m'empêchait de m'agripper au sol et je tournais sur le sol cimenté dans la même position. Ils continuèrent à me battre parce que je ne n'arrivais pas à récupérer l'objet.

On m'envoya en prison pour une nouvelle période de six mois. Vers la fin de ma sentence, en 1993, un gardien de prison s'approcha de moi et me dit de sortir. Il me fit monter dans une voiture et démarra le moteur. Je fus forcé à me cacher pour que personne ne me voit et me reconnaisse. Alors que nous roulions, il me dit que mon oncle avait planifié mon évasion mais personne ne devait me voir ou je serais tué instantanément.

Je retrouvai mon oncle chez un ami. Ma femme et ma mère arrivèrent dans la maison peu après pour me voir. Ma femme m'annonca qu'elle était enceinte. Mon oncle me dit que je devais m'envoler hors du pays le matin suivant et que je devais faire mes adieux à ma famille. Comme nous n'avions été mariés que peu de temps avant mon emprisonnement, ma femme et moi ne nous connaissions pas vraiment et la situation était donc un peu maladroite pour nous. Ma mère me dit qu'elle m'aimait et que si je l'avais écoutée et m'étais concentré uniquement sur mes études, je ne me serais pas retrouvé dans cette situation.

Le matin suivant, mon oncle me remit un document de voyage portant ma photo et ce document me permit de m'envoler vers le Nigéria. J'y étais allé seul, mais ma femme avait décidé de m'y rejoindre pour que nous soyons ensemble au moment où naîtrait notre enfant. Nous vivions dans une maison modeste au Nigéria, lorsque notre premier enfant naquit, une petite fille.

Je me rapprochai des Nations Unies pour expliquer ma situation et je fus classé comme réfugié au Nigéria. La vie de réfugié fut dure parce qu'il n'y avait presque pas d'emploi et je n'avais pas d'argent pour subvenir aux besoins de ma femme et de ma fille. Au bout de deux ans, elle tomba de nouveau enceinte et la situation devint pire. Je n'étais pas habitué à vivre dans une telle pauvreté et ma femme était malheureuse. Notre relation en fut profondément affectée. Elle décida de nous laisser, ma fille et moi, au Nigéria et repartit sans un mot rejoindre ma mère en RDC où elle donna naissance à notre petit garçon.

Dès la naissance du garçon, elle le confia à ma mère et s'envola vers l'Angola. J'appris qu'elle s'était remariée et eut d'autres enfants avec son nouveau mari. Nous ne sommes pas en contact.

Ma petite fille, qui vivait avec moi, souffrait parce que je n'avais pas un sou pour la nourrir et jouer mon rôle de père. Je discutai avec ma mère et m'arrangeai pour envoyer ma fille chez elle en RDC afin qu'elle puisse lui donner toute l'attention dont la petite avait besoin.

En cette période j'avais quatre enfants vivant à divers endroits et j'étais en communication avec chacun tout en me maintenant informé de la situation politique en RDC. Je trouvais difficilement du travail vu que la population au Nigéria est très grande et que les employeurs ne voulaient pas donner le peu d'emplois disponibles à des réfugiés.

En 1999, je rencontrai une femme qui était une réfugiée de la RDC. Elle avait fui la RDC parce que le président Kabila avait pris le pouvoir et que toute sa famille avait été tuée dans leur maison. Par chance, elle était à l'extérieur du domicile avec l'un de ses frères et les militaires n'avaient pu les trouver. Son grand-oncle était un général de l'armée au moment des faits, alors elle était allée le voir et il l'avait aidée à s'envoler vers le Nigéria. Il l'informa que sa famille avait été massacrée sur ordre du président Kabila parce que son père n'avait pas exécuté certains ordres du président. Son père était l'un des militaires rwandais qui avait aidé à l'accession au pouvoir de Kabila. Plusieurs groupes de rebelles s'étaient formés pour affronter Kabila et son père avait reçu l'ordre de se battre contre les rebelles, mais il avait refusé. À cause de ce refus, Kabila avait ordonné qu'on les tue, lui et sa famille entière.

Elle a traversé une période extrêmement difficile. Nous nous étions rencontrés dans des circonstances pénibles, mais nous nous comprenions. Nous sommes tombés amoureux et nous sommes mariés en l'an 2000. Nous avions survécu du mieux que nous pouvions, avec le peu que nous avions. Nous nous étions essayés à beaucoup de choses pour gagner de l'argent et nous avions à un moment donné commencé à acheter et revendre des vêtements. Cela sembla marcher et nous rapporta un peu d'argent.

Ma femme tomba enceinte et accoucha de notre garçon en 2003. Nous vivions à trois jusqu'à ce que ma deuxième fille réclame de vivre avec moi et je fis donc le nécessaire pour qu'elle se joigne à nous en 2005.

Pendant tout ce temps, je continuais à aller au bureau des Nations Unies pour demander une aide financière, mais la procédure est longue. Entre-temps, j'avais envoyé une lettre ouverte à Kabila, dont un résumé fut publié.

Je ne cessais pas d'expliquer le danger que je courais au bureau des Nations Unies et en 2007, il me fut remis un formulaire de demande d'immigration vers un autre pays. Je fus affecté au Canada, mais nous n'avons reçu la confirmation qu'en 2013.

Nous sommes partis pour le Canada en janvier 2014 et pour mon fils c'était son premier voyage en avion. Il a tout de suite commencé l'école et comme il a appris l'anglais à l'école au Nigéria, il doit maintenant apprendre le français ici. Je suis certain qu'il apprendra vite. Ma fille est avec nous et étant donné qu'elle est beaucoup plus âgée, elle s'adapte plutôt bien. Mes deux autres enfants nous rejoindrons bientôt. Ma fille aînée aimerait bien nous rejoindre aussi, mais vu qu'elle a déjà 30 ans, ce ne serait pas facile de la faire venir. Passé un certain âge, une personne ne peut plus être considérée réfugiée sous la garde parentale. Il faudra faire une demande séparée et très coûteuse.

Nous sommes reconnaissants de pouvoir vivre dans un pays avec une telle liberté individuelle. Notre vie était misérable au Nigéria. Il nous a été donné une opportunité exceptionnelle pour un nouveau départ. J'ai entamé des travaux dans notre maison pour la rendre encore plus convenable pour nous. Ici, nos besoins vitaux sont couverts et avec le temps, je pourrai acheter une télévision que nous pourrions regarder en famille et un ordinateur pour aider mon fils dans ses études. Les gens de cette communauté nous ont fait un accueil chaleureux et nous sommes très heureux.

Chapitre VIII

Histoire d'un réfugié de la RDC

Je m'appelle Christian et je suis né en Août 1960 à Kinshasa, en République Démocratique du Congo (RDC). J'étais l'aîné de cinq enfants. J'étais proche de tous les membres de ma famille quand nous étions encore tous ensemble.

Mon père avait trois femmes, ce qui veut dire que j'avais trois mères qui prenaient soin du foyer et des enfants. Mon père était un homme d'affaires prospère. Il possédait plusieurs entreprises à travers la RDC vu qu'il était dans le domaine de la construction de maisons et la réalisation de divers projets de développement. Il possédait également des magasins de vente de matériaux de construction, des restaurants et des magasins de vêtements. Il travaillait dur, réalisait beaucoup de choses, et je l'admirais pour les efforts qu'il fournissait en vue d'avancer dans ses activités commerciales.

Il me disait toujours de me concentrer sur mes études et de m'instruire. Mes deux parents insistaient sur l'importance de me marier et de fonder ma propre famille un jour.

J'ai commencé l'école à l'âge de six ans et j'allais dans l'une des meilleures écoles de la province de Kinshasa. L'uniforme d'école était un pantalon bleu foncé et une chemise blanche et lors d'occasions spéciales, nous portions une cravate. J'adorais aller à l'école. On nous enseignait plusieurs matières, y compris le français et l'anglais, mais j'ai oublié l'anglais depuis.

En 1974, alors que j'avais quatorze ans, un instituteur était venu de la Belgique pour enseigner dans mon école. Montermans était son nom. Il fut l'enseignant le plus inspirant que j'aie jamais eu. Il nous enseignait les mathématiques et en ajoutant un peu d'humour à ses cours, il nous faisait beaucoup rire tout en apprenant beaucoup. C'était une excellente façon d'apprendre. Au fil des années, je me suis fait de nombreux amis à l'école.

Par moments, mon père m'emmenait avec lui quand il faisait un voyage d'affaires sur une région éloignée pour visiter l'un de ses magasins. Je ne le suivais pas tout le temps parce que je sentais que je devais étudier. J'étais l'aîné des enfants et je croyais que j'avais la responsabilité de montrer le bon exemple à mes frères en étant assidu à l'école et en étant consciencieux. J'aimais cette responsabilité et je crois avoir été un bon modèle pour eux.

À la fin de l'école secondaire, j'ai fait des études d'ingénierie à l'université pendant un an, puis j'ai décidé de prendre une pause et d'enseigner. J'ai étudié l'enseignement, mais je n'avais pas besoin d'un diplôme universitaire pour enseigner au cours primaire. Je croyais que l'expérience acquise en enseignant me servirait dans mes études universitaires postérieures.

En 1986, dans ma vingt-sixième année, j'ai fait la rencontre d'une fille au cours de la période des grandes vacances scolaires. Elle vivait dans notre région mais fréquentait une école à 300 km de là. Je suis tombé amoureux d'elle, mais nous ne pouvions pas nous voir souvent parce qu'elle étudiait si loin. Je continuais à enseigner. J'ai fini par lui demander de m'épouser et nous avions décidé de faire un mariage traditionnel à la fin de ses études.

Nous nous sommes mariés en 1991 en RDC et ce fut un merveilleux événement. Le mariage avait réuni nos deux familles. La coutume veut que les parents du marié offrent une noix de cola aux parents de la mariée. Nous avions ajouté à cela, une paire de chaussures et de l'argent pour son père et des pagnes pour sa mère. Nous avions également fourni un carton de cigarettes de bonne qualité telles qu'Alaskan ou Embassy (rouge et vert). Ce fut une occasion de réjouissance pour tout le monde et nous étions très heureux. Nous n'avons fait le mariage civil pour officialiser notre union que de nombreuses années plus tard en 2008, alors que nous étions au Tchad.

Après notre mariage, ma femme est venue vivre avec moi dans notre maison familiale à Kinshasa, la capitale. Nous étions prêts à fonder une famille et dès l'année qui a suivi, en 1992, nous avions notre premier enfant, un beau petit garçon. J'avais promis à ma femme que si notre premier enfant était un garçon, je lui ferais un cadeau extravagant comme une voiture, mais je n'ai pas pu tenir cette promesse parce que mes revenus modestes d'enseignant ne me le permettaient pas. Après la naissance de mon fils, les grèves d'enseignants s'étaient multipliées et j'avais donc arrêté d'enseigner pour devenir guide de bateau de rivière et revendeur de petits articles de toutes sortes pour joindre les deux bouts.

Notre deuxième enfant, un garçon, est né trois ans plus tard, en 1995. C'était merveilleux d'avoir deux enfants en bonne santé. Ma femme passait ses journées à prendre soin de nos enfants et comme j'avais besoin de gagner plus d'argent, je m'étais remis à enseigner.

En 1997, une guerre se déclencha dans l'Est du pays. Des soldats rwandais accompagnés de rebelles congolais avaient été financés par le Rwanda et l'Ouganda pour envahir la RDC. Ils avançaient vers Kinshasa.

Le 17 mai de cette année, je suis allé au travail comme d'habitude. Je regardais les enfants jouer dans la cour de récréation lorsque soudain, je vis les gens se mettre à courir précipitamment dans toutes les directions. Ils criaient que les rebelles avaient infiltré toute la ville. La guerre avait commencé et la ville entière était dans la peur. J'ai couru à la maison et dit à ma femme que nous devions partir avec les enfants sans attendre. Trois de mes sœurs étaient à la maison en ce moment mais personne ne savait où étaient passés mes parents et mon autre sœur.

Kinshasa n'est pas loin d'une autre ville, Brazzaville, la capitale de la République du Congo. Ces villes constituent les deux capitales les plus proches du monde séparées par une distance d'environ 4km. Nous avions décidé de traverser le fleuve pour nous rendre à Brazzaville. Des pêcheurs locaux aidèrent ma famille à traverser l'énorme fleuve dans un pédalo africain. Des gens couraient partout, tentant eux aussi de traverser le fleuve. Beaucoup étaient effrayés d'effectuer la traversée. Mes sœurs décidèrent d'aller se cacher au fin fond du pays plutôt que de traverser le fleuve. C'était la dernière fois que je voyais mes sœurs.

Une fois l'autre rive rejointe, nous avions été rassemblés en groupes et gardés sur les quais pendant deux jours pendant que d'autres personnes continuaient désespérément de traverser le fleuve. Je vis mon voisin atterrir sur la rive et il m'informa avoir vu mon autre sœur, qu'elle était sauve mais que mon père avait été abattu par un des rebelles alors qu'il tentait de fuir. Ce fut terrible pour moi d'apprendre que mon père avait été tué de cette façon. J'étais submergé de tristesse et de panique et j'en ai pleuré de façon incontrôlable pendant longtemps.

Les policiers présents sur les quais nous aidèrent à trouver des couvertures et de la nourriture pour mes enfants. Il fallait que nous trouvions quoi faire. Nous n'avions rien et nous ne pouvions pas vivre de cette façon. Nous commençâmes d'abord par nous dissimuler dans les hangars à bateaux construits sur les quais. Nous sommes restés deux semaines dans ces abris. Nous savions qu'il nous fallait partir, mais nous n'avions pas d'argent pour voyager. Je devais trouver un moyen de nous sortir de là. C'était la première fois de ma vie que je mendiais. C'était si difficile et je n'étais pas fier de notre situation à l'époque. Mais je n'avais pas d'autre choix pour que ma famille survive. Il fallait que les miens mangent. Quelques résidants nous donnèrent un peu d'argent, des vêtements et de la nourriture. Avec cet argent, nous avions pu payer les services d'un propriétaire de barque pour nous conduire sur une longue distance jusqu'à la République Centrafricaine. Nous nous sommes installés dans la capitale, Bangui, où il y avait une communauté de citoyens de la RDC. À notre arrivée, nous avions rencontré le chef de cette communauté et il nous avait hébergés dans sa maison pour quelques jours.

La maison était petite et ne pouvait pas nous contenir tous. Dans cette partie du pays, il était possible de louer un appartement et de ne payer le premier mois de loyer qu'à la fin du mois plutôt qu'au début. Nous avions donc loué une maison et je m'étais mis à la recherche du premier emploi venu, juste pour nous permettre de survivre. Nous nous étions rapidement rendu compte que les habitants de la ville n'aimaient pas les étrangers. Les gens faisaient preuve à notre égard de xénophobie, de racisme et du minimum d'hospitalité possible. Je travaillais comme enseignant mais je n'étais souvent pas payé. En rentrant la nuit, je courais souvent un grand risque d'être attaqué ou tué. Ce fut une époque d'insécurité absolue. Je ne pouvais pas contacter ma famille non plus parce que je ne savais où trouver aucun d'eux.

Après sept mois, nous avions décidé de partir de Bangui. Nous avions appris que le Tchad était beaucoup plus hospitalier et nous y sommes entrés en 1998. Ensuite, je me suis rendu au bureau des Nations Unies et j'ai expliqué notre situation. Notre dossier fut accepté et en 1999, nous avions obtenu le statut de réfugiés. Le bureau du Haut Commissariat des Nations unies pour les réfugiés était encore en cours d'installation au Tchad en ce temps et ce fut donc l'ONU qui nous délivra les cartes de réfugiés.

Lorsque le bureau du HCR devint opérationnel, ils nous convoquèrent à une entrevue et tout se déroula bien. La procédure d'inscription sur une liste de personnes en situation de besoin venait d'être entamée pour nous et nous y avions mis beaucoup d'espoir. Notre troisième enfant, une fille, est née en 1999 et en 2002, nous eûmes notre quatrième et dernier enfant, une petite fille. J'étais fière de la famille que nous formions; je les aime tellement.

Je me mis à enseigner et à servir de répétiteur à domicile pour d'autres enfants. Cela nous permettait de payer le loyer et la nourriture et c'était un bon moyen de subsistance pour nous à l'époque. Nous pouvions ainsi vivre comme des réfugiés urbains, sans être dans les camps. Ma femme faisait de la couture depuis des années et cela lui permettait de gagner un revenu supplémentaire pour la famille pendant qu'elle prenait soin des enfants.

En 2004, j'avais décidé de retourner à l'université au Tchad et j'ai étudié la littérature française et la linguistique. Le HCR payait mes frais de scolarité. Mes enfants allaient aussi à l'école et je les aidais chaque fois que je le pouvais.

Ma femme a commencé par avoir de sérieux problèmes de santé à partir de 2006. Nous avions consulté plusieurs médecins sans succès. Nous sommes même allés dans un hôpital au Cameroun, mais ils n'ont pas pu la guérir non plus. Le HCR nous dirigea vers un médecin spécialiste au Tchad qui nous dit qu'elle ne pouvait être traitée en Afrique, faute de l'équipement adéquat pour l'opérer. Le problème se situait dans son abdomen, (une partie délicate du corps), qui lui causait des douleurs constantes. Je me suis retourné vers le HCR pour voir s'il y avait une solution.

Malheureusement, le 2 février 2008, la guerre éclata une fois de plus dans les rues autour de nous et il y eut une fusillade entre les soldats gouvernementaux et des groupes de rebelles venus du Soudan. Les rebelles venaient tenter de prendre le pouvoir. Tant de ces guerres à travers l'Afrique sont motivées par le pouvoir et le besoin de prestige. Nous étions pris au milieu des deux parties au conflit et les gens fuyaient dans toutes les directions pour échapper à la fusillade. Les deux groupes se battaient sans relâche. Autour de nous, des gens se faisaient tuer. Nous étions restés coincés dans un refuge pour deux heures pendant que des coups de feu étaient tirés et des bombes se lançaient autour de nous. Il fallait pourtant que nous sortions du refuge pour aller dans une circonscription moins dangereuse. Les enfants couraient avec nous et comme les plus jeunes étaient encore trop petits, nous n'arrêtions pas de leur répéter d'aller aussi vite qu'ils pouvaient. Ils avaient si bien couru; même lorsqu'ils devaient enjamber des morts. Je peine à imaginer les sentiments qu'ils éprouvaient à être exposés à un aussi jeune âge, à des expériences aussi traumatisantes et à des vues aussi effroyables. Le benjamin avait six ans et notre aîné en avait seize.

Nous avions aperçu ce qui ressemblait à un édifice de bureau juste en face du camp militaire qui abritait le palais gouvernemental. Il y avait des chars d'assaut partout. Tout le secteur était rempli de rebelles allant de maison en maison, tuant quiconque se trouvait sur leur chemin et avançant vers le palais. Le président avait donné l'ordre à l'armée tchadienne de bombarder tout le périmètre autour du palais pour effrayer les rebelles, même s'il y avait des civils dissimulés dans les maisons.

Je n'oublierai jamais le bruit assourdissant de ces bombes. Tout ce que nous pouvions entendre c'était le son d'armes puissantes et des coups de feu. Il n'y avait pas une seconde de silence. À notre entrée dans le bâtiment, nous avions constaté qu'il y avait déjà d'autres familles qui se cachaient là et ces personnes nous aidèrent. Elles nous ont dit que nous étions à 300m de la base de l'armée française. Les Français s'étaient positionnés dans certains endroits de la ville avec des armes lourdes pour protéger les écoles et les institutions de la zone.

Nous étions infiniment bénis ce jour-là et des anges miraculeux devaient veiller de près sur notre famille.

À 10h30 ce matin-là, il y eut une pause momentanée dans la fusillade pendant que les leaders étaient en pourparlers. Durant cette période de cessez-le-feu, l'armée française est passée courageusement de maison en maison, essayant de trouver des réfugiés et de sauver des civils.

Des soldats français nous avaient ainsi trouvés et, après avoir vu nos documents, nous dirent qu'ils nous emmenaient à leur base pour notre protection. Les négociations n'avaient pas abouti et les affrontements avaient repris, mais nous étions à l'endroit le plus sûr dans le temps.

À la base militaire, il y avait une famille rwandaise qui nous expliqua le rôle de l'armée française. On nous fournit de la nourriture, des soins médicaux et tout ce dont nous avions besoin. Nous avons dormi cette nuit-là dans des lits de camp et nous pouvions entendre les bombes éclater tout au long de la nuit.

Le matin suivant, à 11h00, on nous mit à bord d'un énorme avion de transport militaire. Nous entrâmes dans l'avion par la trappe arrière et nous nous assîmes sur les côtés où les soldats s'asseyent habituellement parce que, les turbulences faisant beaucoup secouer et vibrer l'avion, les côtés étaient l'emplacement le plus sécuritaire. Les sièges sont amovibles, ce qui permet de charger de l'équipement et des réservoirs. Nous devions nous accrocher à nos sièges à cause des secousses.

Nous avions été transportés à une base militaire au Gabon, où l'armée française et la Croix Rouge se sont très bien occupées de nous. Ma femme continuait sa bataille contre la maladie et avait de la difficulté à respirer par moments. On avait essayé de l'aider en lui donnant des médicaments, mais elle était toujours très malade. Nous sommes restés 21 jours au Gabon jusqu'à la fin de la guerre. Le gouvernement tchadien avait vaincu les rebelles et nous avions été ramenés au Tchad où le gouvernement avait organisé le ramassage des corps et le nettoyage complet des lieux.

Notre maison avait été endommagée; la porte d'entrée était brisée, les objets avaient été déplacés pêle-mêle par les pilleurs.

Toutefois, la vie avait repris son cours normal assez rapidement et la tranquillité était revenue. Nous ne sommes jamais retournés à l'endroit où nous nous étions cachés la nuit des fusillades, l'ayant trouvé trop traumatisant. Je continuais à me rendre au bureau du HCR aussi souvent que je le pouvais parce que le traumatisme de la guerre et la maladie de ma femme rendaient cette période extrêmement difficile à vivre et émotionnellement chargée pour ma famille. J'ai poursuivi mes études tout ce temps et en 2012, j'ai obtenu mon diplôme.

En 2013, nous avons été informés que le HCR avait planifié notre immigration vers le Québec. Nous sommes si reconnaissants envers le HCR et les gouvernements canadien et québécois de nous avoir sauvés de nos difficultés et d'offrir à ma famille la perspective d'un avenir heureux et sécuritaire.

Quand nous sommes arrivés, on nous a installés dans un appartement et tous nos besoins élémentaires étaient couverts. Mes enfants ont été en mesure de tout de suite commencer l'école et malgré la différence du français et la nouveauté des systèmes pour nous, notre adaptation se poursuit bien. Mon épouse est entrain de terminer ses études secondaires en mathématiques, français et autres matières, et elle adore le fait d'apprendre en compagnie d'autres personnes. Elle a subi une intervention chirurgicale en février 2014 et son état semble s'améliorer de jour en jour. Je suis conscient que nous sommes privilégiés d'avoir fini par trouver la liberté. Étant de foi catholique, nous croyons avoir été bénis tout ce temps.

L'adaptation au climat ici est difficile durant la saison froide. Certains enfants de réfugiés et d'immigrants ont dit à nos enfants que leurs nez pourraient tomber et que leurs oreilles pourraient se déchirer s'ils s'exposaient au froid plus de trente minutes. Pendant un certain temps, ils craignaient que cela arrive effectivement.

J'ai besoin de trouver un emploi et si mes diplômes sont reconnus, je pourrai bientôt travailler et gagner un meilleur revenu pour ma famille. Ma femme quant à elle a décidé de suivre des études en soins infirmiers dès que sa santé sera rétablie pour pouvoir venir en aide aux autres. Mes enfants ont besoin d'ordinateurs pour leurs études et nous aurons besoin d'un véhicule familial, particulièrement pendant les grands froids. Nous sommes obligés de prendre des taxis pour faire notre épicerie et c'est onéreux de le faire régulièrement.

J'ai pu récemment entrer en contact avec l'une de mes sœurs. Elle m'a informé que ma mère est décédée d'une crise cardiaque en RDC, mais personne ne sait à quel moment. C'est si bouleversant de me souvenir de ce qui est arrivé à mes parents pendant la guerre et de me demander ce qu'il est advenu de mes autres sœurs.

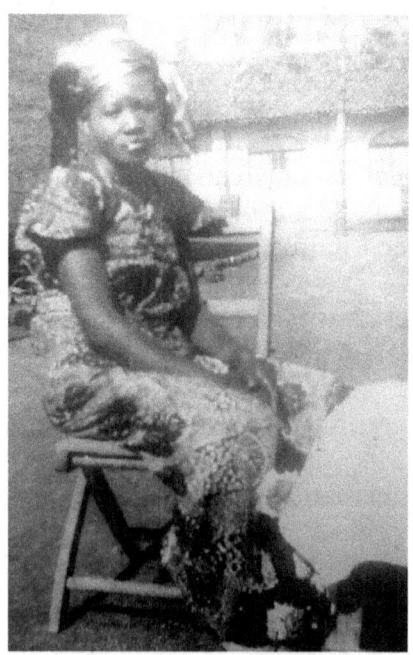

Ma mère en RDC

La famille de mon épouse avait aussi fui la guerre au même moment que la mienne; elle a pu récemment entrer en contact avec sa mère qui lui a dit que la famille vivait maintenant en sécurité à Kinshasa. C'est si triste de vivre la guerre en direct et de savoir que des millions d'innocents sont tués dans des fusillades ou massacrés par les rebelles chaque jour dans certains endroits du monde.

Nous sommes reconnaissants pour notre liberté et contents d'avoir eu la foi tout au long du parcours. J'ai maintenant 53 ans et je crois en un avenir glorieux pour ma famille, rempli d'opportunités à saisir.

Chapitre IX

Histoire d'une réfugiée du Bhoutan

Mon nom est Rupa et je suis née en 1987 au Bhoutan. J'avais deux grands frères, Bikash et Rupesh. Nous habitions tous ensemble dans la maison de mes parents dans un village du Bhoutan rural.

Je n'ai pas grande mémoire de la vie au Bhoutan et mes souvenirs sont majoritairement constitués de la description que mes parents m'ont faite de notre vie passée. Mes parents gagnaient leur vie en transportant des fruits et autres produits vers d'autres villages de la région.

Au regard de la situation qui se détériorait dans le pays, les ressortissants de notre groupe ethnique étaient contraints de faire beaucoup de choses auxquelles ils avaient du mal à s'adapter. Les autorités leur faisaient quémander de l'argent et les obligeaient à aller dans les fermes prendre des animaux, notamment des poulets, de force. Je sais que les villageois s'exécutaient contre leur gré, mais c'était cela ou ils prenaient le risque de voir les autorités débarquer dans le village pour violer leurs femmes, ma mère y compris. Mes parents étaient très traumatisés et vivaient sous une tension extrême. Les exigences du roi ont conduit les autorités gouvernementales à nous priver de notre liberté culturelle, de nos valeurs et de nos traditions. À cette époque, mes parents avaient été forcés d'apprendre à parler le Dzongkha, la langue nationale du Bhoutan. Aucun de nous n'était autorisé à parler notre langue maternelle du Népal et tout le monde était contraint de porter les vêtements traditionnels de la majorité ethnique. C'était une situation affreuse parce que le prix à payer pour le non respect de ces règles, est un prix auquel nul ne devrait jamais avoir à faire face : c'était la mort et si l'on y échappait, la prison était l'alternative.

En 1991 j'avais quatre ans alors, la situation dérapait pour la minorité népalaise qui avait fait du Bhoutan sa terre d'accueil. Mes parents n'avaient aucun désir de parler le Dzongkha, ni de porter les vêtements qu'on les forçait à mettre, sans compter la crainte permanente de se faire violer ou tuer.

Ma mère venait juste d'accoucher de ma petite sœur et le bébé avait neuf jours lorsque notre vie bascula. À la tombée de la nuit, ma mère portant son nouveau-né dans les bras, nous quittâmes notre maison avec tout son contenu pour aller traverser la frontière népalaise. Je revis encore le trajet, dans la profondeur de la nuit noire.

Arrivés au camp de réfugiés au Népal, nous pouvions constater qu'il y avait déjà de nombreux bhoutanais qui s'y étaient établis. Nous avions été affectés au camp Khudanabari et notre nouvelle vie y débuta, dans la section B3, refuge 99. Étant donné mon jeune âge au moment des faits, je ne me rappelle pas vraiment l'impact que le changement a eu sur mes parents. Mes frères aînés et moi avions commencé l'école dans le camp. Dans ma huitième année, ma mère a mis au monde un petit garçon. À l'aller et au retour de l'école, j'aidais ma mère à prendre soin de mon petit frère et de ma petite sœur.

Ma relation avec ma mère était bonne. Dans notre culture, nous devions respecter nos parents et toujours prendre en compte leurs conseils, même après la majorité. J'avais toujours obéi à ma mère. J'avais un bon rapport avec mon père aussi, mais comme il travaillait souvent en dehors du camp, je le voyais moins souvent. Lorsque le temps était clément, il arrivait qu'il parte pour deux ou trois mois.

Nous autres nous concentrions sur nos études jusqu'au moment où Bikash et Rupesh deviennent assez grands pour commencer par aller travailler avec notre père en dehors du camp.

J'avais remarqué que beaucoup de gens consommaient de l'alcool dans le camp. Cela les détendait. Mon père et ma mère buvaient aussi. Je ne sais exactement quel type d'alcool, mais c'était clair comme de l'eau. Ma mère avait de sérieux ennuis de santé ; elle était diabétique et faisait aussi de l'hypertension. Et plus elle consommait de l'alcool, plus elle risquait sa santé.

L'année de mes treize ans, en 2001, le taux de glycémie de ma mère était si bas qu'un jour, elle s'écroula soudainement et mourut sur place. Je me souviens d'elle comme étant une femme grande et forte, mais à cause de l'alcool et de sa santé fragile aidant, elle n'avait pas de grandes chances de survie. Elle était Hindoue mais nous ne pouvions pas lui offrir des funérailles traditionnelles. Le choc fut rude pour nous tous. Ma petite sœur avait huit ans et mon petit frère, tout juste cinq. J'ai dû assumer le rôle de figure maternelle pour eux. Mon père était âgé de quarante-trois ans et soumis à davantage de pression pour subvenir à nos besoins. Pendant que je prenais soins de mes deux petits frères, mes aînés l'accompagnaient pour gagner de l'argent.

Quand mon père revenait de sa tournée de travail, il restait deux à trois semaines avant de repartir. Il lui était arrivé quelques fois de rester un à deux mois et à ces moments-là, il apprêtait le repas avant que mes frères et moi ne rentrions de l'école. Il parlait souvent de ma mère, coulant des larmes chaque fois qu'il l'évoquait. Je voyais bien qu'elle lui manquait. Il n'avait jamais voulu se remarier. Dans notre culture, il était admis qu'un remariage n'était pas souvent bénéfique pour les enfants parce qu'une belle-mère ne prendrait pas soin d'eux aussi bien que s'ils avaient été les siens propres. Alors mon père avait préféré s'occuper seul de nous.

Par moments, il allait travailler de jour dans un village voisin, ce qui lui permettait d'être de retour le soir. Mais cela n'a pas duré. Il buvait abondamment quand il était à la maison et il en arriva au point où il dépensait tout son argent dans l'alcool et ne prenait plus soin de nous.

Entre-temps, mon frère Bikash était tombé amoureux d'une indienne et l'épousa. Il passait donc le plus clair de son temps avec elle.

Ma sœur et moi avions nos propres ennuis de santé et après le décès de ma mère, mon père nous avait reconvertis à sa religion catholique, à la place de l'hindouisme.

Il y avait dans le camp une église pentecôtiste dont les pasteurs aidaient les gens à prier et offraient aussi du soutien moral. Nous y allions régulièrement et nous avions fini par développer une foi si solide qu'elle nous permettait de surmonter les moments de faiblesse. Les pasteurs discutaient avec nous des problèmes de la vie, nous aidaient à mieux la cerner et nous donnaient aussi de la nourriture. Nous étions extrêmement reconnaissants de les avoir avec nous.

Nous discutions aussi avec eux des problèmes de boisson de mon père et de notre difficulté à éprouver de la compassion pour lui lorsqu'il était soûl. J'étais consciente que la dépression causée par la perte de ma mère et les circonstances difficiles que nous avions dû affronter étaient à l'origine de sa dépendance. L'alcool l'aidait à se détendre. Le seul moment où il ne buvait pas était quand nous allions voir les pasteurs. Ils ont bien essayé de le réconforter et de lui prodiguer des conseils, mais cela ne sembla pas avoir d'effet sur lui. Il se mit alors à les éviter.

Pendant que mon père et mon frère continuaient à travailler en dehors du camp, c'est-à-dire la plupart du temps, je continuais à prendre soin des plus petits. J'arrivais à prendre la ration de nourriture de mon père et de mon frère même quand ils n'étaient pas là. Chaque personne dans le camp avait droit à 5kg de riz par quinzaine. Je revendais leur ration et avec l'argent, j'achetais des légumes.

Au début de l'année 2008, après dix-huit années de vie dans le camp de réfugiés, nous avions commencé la procédure d'immigration au Canada. Malheureusement, à la mi-2008, les problèmes d'alcool de mon père avaient empiré et trois jours après son admission dans un hôpital pour un problème cardiaque, il rendit l'âme. Son corps fut renvoyé au camp et c'est là qu'il fut enterré.

Nous étions orphelins pour de bon et à ce moment-là nous savions qu'il fallait que notre vie s'améliore. Mon frère aîné Bikash n'avait pas constitué de dossier d'immigration parce qu'il voulait rester au Népal avec sa femme. Rupesh lui, avait rencontré une népalaise qui immigrait vers les États-Unis, alors il l'a suivi là-bas. Il ne restait que moi qui, à vingt ans, devait veiller sur ma sœur de quinze ans et notre frère alors dans sa douzième année. En raison du fait que nous n'avions pas de parents, notre dossier avait été traité en priorité et nous faisions ainsi partie des tous premiers à s'envoler pour le Canada.

Je n'avais aucune idée de ce qui nous attendait au Canada et j'étais donc très anxieuse. Certaines personnes dans le camp nous avaient raconté des histoires d'horreur sur la vie au Canada. On nous avait recommandé de barricader nos portes contre les hommes noirs aux piercings qui pouvaient venir nous attaquer à domicile. Je n'aimais pas écouter ces histoires. Mes frères et moi n'avions ni sou, ni rien, mais en dépit de l'incertitude de l'avenir, nous savions que tout irait bien.

Le jour de notre départ du camp, nous étions trois familles de Khudanabari plus trois autres provenant d'autres camps. Un autobus nous attendait qui nous transporta à l'aéroport. Mon petit frère avait rapidement sympathisé avec un autre garçon et les deux s'étaient assis ensemble dans l'avion, quelques sièges derrière nous. Je pensais qu'il serait effrayé par le vol, mais je me suis rendue compte que son ami et lui contemplaient le paysage par le hublot, tout excités par la nouvelle expérience du vol dans le ciel.

Nous avions trouvé le vol long et quand nous sommes arrivés à Montréal, nous étions extrêmement fatigués. Alors que nous sortions du terminal, mon frère se mit à vomir, et avant que j'aie pu l'aider, ma sœur vomissait aussi. Le blâme revenait au long voyage, au changement de nourriture et au manque de sommeil.

Au cours de notre première semaine sur le sol canadien, des agents d'immigration nous avaient assistés dans les premières démarches comme l'obtention de pièces d'identité, l'ouverture d'un compte bancaire et tout autre besoin que nous pouvions avoir. J'avais appris un anglais de base dans le camp, mais pas de français. Nous nous étions rapidement aperçus que nous étions dans une province francophone et qu'il nous fallait apprendre le français.

La semaine d'après, on nous avait introduit à un adorable couple de retraités qui s'étaient portés volontaires pour veiller sur nous. Ils étaient d'anciens médecins et nous ont aidés avec beaucoup de choses. Nous les appelons mère et papa. Ils nous ont aidés pour l'installation dans notre appartement, et autres services nécessaires comme l'abonnement téléphonique, la réception de courrier. Nous nous sentions en sécurité et aimés par eux. Pour nous, ils étaient une bénédiction.

Une fois seuls dans l'appartement le premier jour, nous n'en revenions pas de sa grandeur. Il y avait deux chambres à coucher, mais nous étions si effrayés par les histoires qu'on nous avait racontées dans le camp, que pendant les deux premiers mois, nous dormions tous ensemble, dans le même lit.

Peu de temps après, les fonctionnaires de l'immigration sont venus nous chercher un jour pour aller nous acheter des vêtements. J'étais en plein magasinage lorsque mère et papa arrivèrent avec ma sœur pleurant de façon hystérique. Ils m'expliquèrent que peu après mon départ avec les agents d'immigration, un africain portant un perçage était venu livrer une table. Se rappelant les histoires racontées dans le camp, elle s'était imaginé que le livreur était venu l'attaquer. Mon frère n'a pas eu peur mais ma sœur était si terrifiée que mère et papa n'avaient pu s'empêcher de l'amener vers moi. Elle avait quinze ans.

Deux mois après notre installation, mon frère commença à utiliser la deuxième chambre. On nous avait informés que compte tenu de son âge, il devait être à l'école secondaire du quartier. Pour son premier jour d'école, nous avions enfilé nos bottes et manteaux et l'avions escorté jusqu'au niveau des feux de signalisation. Nous lui avions expliqué qu'au feu vert, il devait traverser la voie rapidement pour ne pas se faire renverser par une voiture. Il se retourna vers moi et dit « D'accord, soeurette, sois tranquille ». Dès que le feu a viré au vert nous avions crié, « vas-y, frérot, vas-y». Nous étions restées là jusqu'à ce qu'il traverse et nous nous étions mises à pleurer parce que notre frère commençait l'école et c'est les larmes aux yeux que nous étions retournées à l'appartement. À 16h00, nous guettions son retour.

Le fait d'être à proximité de tous les services dont nous avions besoin nous comblait. N'ayant pas d'argent pour acheter une voiture, il était important pour nous d'avoir une église dans les parages. Notre mère et papa sont catholiques et nous les suivions à l'église tous les dimanches. Nous avions l'option de vivre dans le secteur des familles népalaises pour faciliter notre intégration, mais notre foi en Dieu était la priorité.

En 2009, neuf mois après notre arrivée, je me suis mise à l'apprentissage du français. C'est aussi à ce moment-là que ma santé a commencé à se détériorer sérieusement. Je vomissais fréquemment, j'avais des migraines atroces, tout mon visage et mes pieds s'enflaient, je me sentais tout le temps épuisée et ma pression sanguine était très élevée. Un samedi soir, alors que nous venions d'arriver chez une famille népalaise pour dîner, ma migraine a repris avec une intensité étourdissante. Mère et papa prirent ma pression sanguine qui s'avéra très élevée. Dès le retour à la maison, je m'étais mise à vomir. Et comme le dimanche matin je vomissais encore, mon frère appela mère qui lui demanda de m'envoyer aux urgences.

À l'hôpital, on m'informa que mes reins étaient si endommagés qu'ils ne fonctionnaient plus et je fus transférée dans un centre spécialisé. Je pleurais tout le temps à l'idée que mes frères et ma sœur étaient seuls à la maison. Mais j'étais en attente d'une dyalise. Au bout d'un mois j'ai été relâchée de l'hôpital, mais j'y retourne tous les mercredis et vendredis pour la dyalise. Je suis sur une liste d'attente pour une greffe de reins, mais on n'a pas pu me dire combien de temps le processus prendra.

Ne pouvant étudier, je m'ennuie. Les gens m'ont dit que je ne pourrais rien faire à cause de l'état de mes reins. J'ai du mal à accepter cela. Je viens d'un pays où nous travaillions très fort pour survivre. Il n'y avait pas de voitures, ni autres ressources pour faciliter la vie. Nous devions porter de lourdes charges sur nos têtes et parcourir de grandes distances. Je ne trouve pas le genre d'emploi disponible ici, plus difficile que ce à quoi j'étais habituée. Mon objectif en arrivant ici était de fournir des efforts et d'avancer vers le futur.

Cela fait maintenant six ans que nous sommes au Canada. Ma sœur est tombée amoureuse et a épousé un népalais avec qui elle vit à présent. Mon grand frère Rupesh a épousé sa copine népalaise et ils vivent aux États-Unis. Nous communiquons avec mon frère Bikash resté au Népal, chaque fois que c'est possible. Il n'y a plus que mon jeune frère de dix-huit ans et moi. Il continue ses etudes. Grâce à notre mère et à papa, il a pu obtenir un emploi à temps partiel qu'il adore dans un restaurant. Nous n'avons pas de quoi faire des folies et nous nous contentons de joindre les deux bouts, mais nous sommes heureux et reconnaissants pour tout ce que la vie nous a donné.

J'ai commencé à fréquenter le centre (le Coffret) dans le cadre d'un programme de six mois : intégration au marché de l'emploi. J'y vais cinq jours par semaine, de 9h00 à 16h00. Je continue ma dyalise à l'hôpital trois nuits par semaine pour des séances de quatre heures. Vu que je ne possède pas de voiture, c'est dur de m'y rendre en hiver, mais je me débrouille. Bien que je sois souvent épuisée, je suis tout même heureuse de pouvoir avancer vers un avenir meilleur. Je me suis fait des amis et je peux lire le francais maintenant, alors la vie est beaucoup plus agréable.

Je pense à mes parents et aux circonstances dans lesquelles ils sont décédés. Ils me manquent. J'observe la façon dont les enfants parlent parfois à leurs parents ici et je me dis que si j'avais encore des parents aussi aimants avec moi, je leur donnerais de la tendresse et ne leur manquerais jamais de respect.

J'aime ma vie au Canada. C'est maintenant mon pays. Peut-être visiterons-nous le Népal et le Bhoutan un jour, quand nous en aurons les moyens, mais pour l'heure, nous sommes établis. Je souhaiterais qu'une bonne âme me fasse don d'un rein ou deux et je garde bon espoir que cela se produira. En attendant, je suis reconnaissante de l'amour et du soutien de mère et papa ici au Canada et j'aimerais qu'ils sachent à quel point ils comptent pour nous. Nous les aimons beaucoup.

Chapitre X

Histoire d'un réfugié de la Mauritanie

Je m'appelle Aiden et je suis né en 1958, dans la ville de Kaedi, en Mauritanie. Kaedi est située dans le sud du pays, près de la frontière avec le Sénégal. J'ai été élevé dans la religion musulmane et j'ai étudié le Coran. J'ai élevé mes enfants selon la même foi et je leur ai également enseigné le Coran. Je crois en Dieu, comme l'unique créateur et je crois aussi en Jésus-Christ et tous les prophètes. Il y a 24 000 prophètes auxquels je crois et approximativement vingt-cinq dont je suis les enseignements de près. Toutefois, le plus important dans ma vie est Mahomet. J'ai été élevé dans un foyer où nous faisions la prière cinq fois par jour. Peu importe ce à quoi nous étions occupés, quand sonnait l'heure de la prière, il fallait tout arrêter pour y consacrer toute notre attention. Nous nous recouvrions de la tête au pied lorsque nous priions. Nos femmes n'avaient pas besoin de porter une *burqa*, mais elles portaient de longues robes et portaient des couvre-chefs en forme de turban, laissant leurs visages à découvert.

Dans notre religion, il est permis d'avoir jusqu'à quatre femmes, mais défendu d'avoir des maîtresses. Comme mon père avait plusieurs femmes, j'avais toujours plus d'une mère autour de moi. Chacune d'elles traitait généralement chaque enfant comme le sien et elles partageaient la responsabilité d'élever tous les enfants de la maisonnée. Les enfants quant à eux, désignaient chaque mère par son prénom. C'était une notion du ménage différente de ce qui se voit dans beaucoup d'autres endroits dans le monde.

Les accouchements à domicile sont une pratique très courante en Mauritanie, ce qui explique pourquoi tant de gens ne possèdent pas de pièce d'identité. Très souvent, lorsque le besoin s'en faisait sentir plus tard dans la vie, il fallait faire une estimation de l'âge d'une personne, ce qui peut conduire à des écarts avec la réalité pouvant parfois être de plusieurs années. Ainsi, j'ai 62 ans mais sur mes pièces d'identité, il est écrit que j'en ai 57. Le fait que plusieurs enfants naissent de différentes mères dans la même maison n'aide pas non plus à déterminer les âges de façon précise. Pour cette raison, la date du 1er janvier est attribuée à bon nombre de naissances africaines lorsque la date exacte n'est pas connue.

J'ai deux frères plus âgés et un jeune frère. Mes deux parents sont toujours en vie et vivent au Sénégal. Mon père a 98 ans et ma mère en a 79. Tous deux sont mentalement alertes, ont des pensées cohérentes et sont conscients de tout ce qui se passe autour d'eux. Je communique souvent avec eux. En Afrique, il est permis aux parents de frapper leurs enfants pour les discipliner, mais les miens n'ont jamais eu à le faire avec moi. Et je ne les ai jamais vus discipliner un enfant de cette manière qu'en cas de faute grave.

J'ai terminé l'école primaire et, à l'âge de dix-huit ans, j'ai commencé à travailler comme mécanicien dans une grosse firme. La compagnie se trouvait dans la région minière et nous entretenions et réparions les véhicules des compagnies minières. Je m'occupais d'autobus, de taxis, de voitures personnelles, de motocyclettes etc. Nous arrangions tout ce qui devait être réparé. Je suis resté près de vingt ans dans cette compagnie et j'étais chef d'équipe.

Je vivais à l'époque dans un complexe résidentiel de huit maisons. J'ai été marié à quatre femmes au fil des années et j'ai eu des enfants avec chacune d'elles. Je passais deux nuits successivement avec chaque femme dans leurs chambres individuelles. L'une de mes femmes était aveugle, mais cela ne l'empêchait pas de prendre soin des enfants et de cuisiner au même titre que les autres. Elle était aveugle depuis l'âge de cinq ans et sa condition était irrémédiable. Elle effectuait toutes sortes de tâches et son handicap ne pouvait pas se remarquer juste en regardant son visage. Cependant, nous nous assurions toujours que l'un des enfants était à ses côtés lorsque je n'étais pas moi-même présent.

En 1989, une guerre éclata dans notre ville. Il s'agissait d'un soulèvement des noirs contre les *Maure*, une guerre ethnique qui s'était propagée rapidement au sein de la population. Le directeur de la société qui m'employait était un français de race blanche qui avait le souci du bien-être de ses employés.

Un jour, au beau milieu de la guerre, alors que j'étais au travail, mon directeur nous expliqua que le gouvernement maure essayait de localiser les personnes de race noire qui figuraient sur la liste des employés. Une fois ces personnes repérées, on devait les battre et les torturer. Le directeur fit venir la garde militaire des Nations Unies pour protéger ses employés et nous faire conduire vers un autre site. Cet homme a été bon pour nous. La guerre battait son plein et nous vivions tous dans la crainte. Je me sentais mentalement torturé durant cette période et j'en garde encore de terribles souvenirs.

Les militaires nous avaient fait monter dans des camions et nous avaient transportés sur une île de façon provisoire. Il y avait déjà beaucoup de noirs sur l'île quand nous y sommes arrivés. L'ONU avait fait des arrangements avec la France et le Maroc pour que ces deux pays envoient des avions qui nous emmèneraient dans un camp de réfugiés au Sénégal.

Quelques semaines après mon départ pour le Sénégal, mes parents, mes femmes et mes enfants me rejoignirent en prenant un bateau qui les transporta de la Mauritanie au Sénégal par le fleuve. Ensuite, un camion leur fit faire le reste du trajet de la berge jusqu'au camp.

La vie de réfugié n'a pas été facile. Je devais prendre soin de la famille entière et pour cela, chaque matin je devais parcourir des kilomètres à pied pour aller inscrire mon nom à l'ONU. Ainsi, je recevais un peu d'argent qui me permettait de faire l'épicerie pour la famille. J'avais trois femmes en ce temps et chacune d'elle avait une chambre à part.

Mes femmes continuant à procréer, je m'étais mis à travailler sur les chantiers de construction. Les employeurs ne voulaient pas donner de travail sérieux aux réfugiés alors tout ce que je trouvais à faire c'était mélanger le ciment ou décharger des camions pour gagner 2 à 4 dollars par jour. Je dormais rarement puisque je devais beaucoup travailler.

Bien que mes filles aînées se soient mariées et avaient rejoint leurs maris respectifs, c'était toujours très difficile de joindre les deux bouts avec autant de jeunes enfants dans la famille. Je finis par me séparer de trois de mes épouses pour ne garder qu'une seule, celle qui était aveugle.

J'avais rencontré un propriétaire de maisons et j'ai fait un arrangement pour nous trouver un autre logement. Il n'y avait qu'une chambre, mais le logement était proche de la ville, ce qui facilitait ma recherche d'emploi. Il y avait aussi un petit jardin et quelques animaux dont les garçons prenaient soin pendant que j'allais travailler en ville. Nous sommes restés au Sénégal jusqu'en 2008.

Pendant ce temps, j'avais introduit une demande de transfert auprès des Nations Unies pour moi et mes enfants. Nous n'avions pas d'argent pour envoyer les enfants à l'école et pas plus pour nous soigner. J'ai perdu cinq enfants parce que nous n'avions pas les moyens de leur traiter une fièvre ; ils sont morts dans nos bras. Ce fut une période trouble dans nos vies. Mon dossier d'immigration prit trop de temps parce que j'avais eu beaucoup d'enfants avec des femmes différentes. Les enfants n'avaient pas tous un certificat de naissance et il fallait faire une estimation pour les dates de naissance de certains. J'avais inclus tous les enfants qui vivaient avec nous à l'époque dans ma demande. Il y en avait une dizaine, ayant entre quatre et dix-sept ans.

Ma femme et moi sommes venus au Canada avec les dix enfants. L'intégration fut difficile pour les plus grands parce qu'ils n'avaient pas reçu de réelle éducation. Je leur avais juste enseigné le Coran à domicile. Je leur ai aussi inculqué des notions comme le respect pour les aînés et l'assistance aux personnes âgées. Ils étaient grondés lorsqu'ils agissaient mal, mais avec autant d'enfants dans la maison, c'était toujours très mouvementé autour de nous et pas toujours facile à gérer. Je félicite ma femme d'arriver à surveiller dix enfants tout en étant non-voyante. Elle était enceinte à notre arrivée dans le pays, mais le bébé est mort deux semaines avant sa naissance et nous l'avons enterré ici, au Canada.

Je reste en communication avec mes autres filles en Afrique et peut-être qu'un jour, elles pourront nous rejoindre. L'une d'elles va à l'école et j'envoie de l'argent pour qu'elle puisse payer ses études. Nous nous sommes bien établis ici et dès que j'aurai un travail stable, je pourrai mieux pourvoir aux besoins de mes enfants. Pour l'instant, nos besoins vitaux sont couverts et nous nous débrouillons. J'ai 63 ans, même si les documents officiels mentionnent 58. Mes enfants ont de meilleures perspectives d'avenir ici qu'ils auraient pu avoir en Afrique et c'est la raison essentielle qui m'a fait décider de partir loin de notre pays natal. Ma préoccupation principale c'est de nourrir ma famille et payer nos factures, vu que nous sommes nombreux. Le plus clair de mon temps est dédié à l'avenir et je pense rarement à ce passé qui a laissé une lourde et profonde blessure dans mon cœur.

Voici en sus, une petite partie de l'histoire d'un de mes fils et ses aspirations futures.

Mon nom est Bomani et j'ai dix-huit ans. Je n'ai pas eu l'opportunité d'aller à l'école en Afrique, parce que je devais aider mes frères à jardiner. Nous travaillions dans bon nombre de jardins, dont l'un appartenait à mon oncle. Je me levais les matins pour semer les graines. Ensuite, j'aidais mes grands frères à prendre soin des animaux.

Mon éducation sur le Coran s'est faite par mon père quand j'avais douze ans, en Afrique. Je m'étais fait de nombreux amis dans mon quartier et ils me manquent énormément. Je songe souvent à eux, en particulier lors de festivités comme l'*Eid al-Fitr* à la fin du Ramadan. J'aurais voulu être avec eux en ces moments-là parce que je sais que ce seraient des réjouissances partagées.

Peu après la confirmation de notre immigration imminente au Canada, j'ai vu à la télévision une émission portant sur le Canada où l'on montrait de la neige. J'avais trouvé cela intéressant à l'époque, mais une fois sur le terrain, la réalité se révéla bien au-delà de tout ce que j'aurais pu imaginer, tant il faisait froid.

Je me rappelle mon voyage en avion vers le Canada. J'étais un peu effrayé au départ, mais ma peur avait fini par céder la place à un sentiment d'excitation au regard de la nouvelle expérience que je vivais. Arrivé au Canada, l'école devait m'apporter aussi une expérience tout à fait différente et épanouissante. Malgré le fait que je ne parlais pas un mot de français, j'ai pu facilement me faire des amis avec lesquels je pratiquais le sport. Il y avait une seule dame dans l'école qui pouvait comprendre ma langue maternelle, le peul. L'adaptation fut dure dans ces conditions, mais la situation s'est beaucoup améliorée maintenant que je me suis intégré à l'école et que j'apprends le français.

J'adore la musique et j'adore écrire des paroles et chanter. Mon rêve est de devenir un acteur parce que j'aime beaucoup participer aux camps cinématographiques.

Je vis dans une maison avec huit autres enfants, mais cela ne me pose pas de problème. Les autres ne me dérangent pas et comme j'ai ma propre chambre, je me débrouille. Nous n'avons pas beaucoup d'argent, mais cela ne nous empêche pas de bien vivre. Je chéris les souvenirs de mon enfance en Afrique, quand je taquinais mes petites sœurs. Je n'ai plus l'âge de jouer des tours, mais ces souvenirs me procurent de la joie.

J'adorerais y retourner un jour pour visiter. Nous avons été élevés parmi plusieurs mères et j'espère y retrouver ma mère biologique un jour. J'aimerais pouvoir lui envoyer de l'argent, mais il me faut d'abord terminer l'école et trouver un emploi. Sur les documents officiels, je suis sensé avoir quinze ans et malgré la frustration qui peut découler de cet état de fait, cela me permet au moins de pouvoir terminer mes études secondaires.

Après avoir été élevé en Afrique et au regard de la vie que nous menons ici à présent, j'aimerais faire passer un message : nous sommes tous égaux. Je ne devrais pas être jugé en fonction de ma couleur de peau et de mon origine africaine. J'ai fait l'objet d'injures raciales, mais je n'en tiens pas compte. J'aime rédiger des messages positifs sur notre besoin d'éradiquer l'ignorance, les insultes et les préjugés. Sans ces barrières, nous pouvons tous vivre heureux. J'espère pouvoir transmettre ce genre de messages à travers mes chansons qui parlent de romance, d'amour et d'espoir.

Troisième partie

LINE CHALOUX

Voici maintenant l'histoire de Line Chaloux.

Ce compte rendu démontre bien que même si plusieurs d'entre nous sommes nés dans un environnement privilégié et paisible où règne l'amour, n'ayant jamais été exposés aux situations traumatisantes et tragiques des refugiés, nous pouvons ouvrir notre coeur et notre esprit, afin d'aider ceux qui sont moins fortunés que nous.

En lisant l'histoire familiale de Line, vous serez en mesure d'apprécier et d'apprendre à quel point ces ancêtres et ceux qui l'aiment ont joué un role important dans sa vie, comment ils l'ont aidée à construire de solides bases lui ayant permis de devenir l'étonnante femme qu'elle est aujourd'hui, toujours soucieuse du bien de l'humanité. Vous découvrirez également tous les efforts qu'elle a fait pour réussir les défis surmontés.

Line est une vraie source d'inspiration.

Chapitre XI

Line Chaloux ; Première partie

Mon histoire débute avant même que je sois née. Je suis assise sur une immense montagne surplombant une vallée, elle-même entourée d'autres montagnes. En réalité, il y a un endroit à Sainte-Adèle, dans la province de Québec, qui ressemble parfaitement à cet endroit. Je suis sur cette montagne avec d'autres personnes et c'est comme si nous étions réunis pour un gros pique-nique. Une lumière chaleureuse brille autour de nous et nous remplit d'amour. Je ressens cet amour à travers la lumière et c'est alors que j'entends : « Ça y est, tu peux y aller ». C'est à cet instant précis que je nais. Nous sommes le 10 février 1958. On aurait dit que j'ai choisi ce moment pour naître car j'avais quelque chose d'important à accomplir.

Dans les années 1700, deux frères surnommés Chaloux quittèrent la France à bord d'un navire en direction vers le Québec. Toute la famille Chaloux descend de ces deux hommes. Notre famille est grande et la plupart d'entre nous vivons à Saint-Jérôme, au Québec.

Un des deux frères maria une Amérindienne du clan de la Tortue. Ils s'installèrent dans la région des Laurentides, au Québec, et y demeurèrent pendant plusieurs générations. Mon arrière-grand-mère maternelle, Clara Bourgeois, et sa famille étaient parmi les premiers à s'établir dans cette région. Elle fut baptisée par le père Labelle, qui était le prêtre en charge de coloniser le Québec.

Avant moi, mes parents avaient eu trois autres enfants, tous des garçons. Le plus vieux s'appelait Michel ; plus tard dans notre vie, nous serions très proches. Le deuxième fils, Alain, mourut lorsqu'il avait trois mois. Le troisième mourut à la naissance. À cette époque, puisque les maisons funéraires n'existaient pas, la coutume était d'exposer le défunt dans la maison. Ainsi, Alain fut exposé dans le salon pendant trois jours avant d'être enterré. À la mort de son troisième fils, ma mère refusa qu'on l'expose, alors les médecins mirent le bébé dans une boîte qu'ils donnèrent à mon père afin qu'il puisse être immédiatement enterré. Pour mes parents, perdre deux enfants de suite fut une épreuve très difficile et dévastatrice.

Peu après la mort de mes deux frères, le père de ma mère, Paul-Émile Lamoureux, décéda à son tour. Je n'ai donc jamais connu mon grand-père maternel. Après tous ces décès, ma naissance fut considérée comme une vraie bénédiction dans la famille. Je n'avais pas le droit de mourir ! J'étais un cadeau précieux et tout le monde me comblait d'amour et de tendresse, particulièrement mes parents et ma grand-mère maternelle, Jeanne Daoust.

J'étais très proche de ma grand-mère Jeanne car elle était souvent à la maison et, fréquemment, c'était elle qui me gardait. Grâce à elle, je n'avais jamais ni froid ni faim. En plus, je n'avais pas besoin de demander quoi que ce soit car j'avais déjà tout ce qu'il me fallait. Dès un très jeune âge, j'étais entourée de bonnes personnes qui prenaient soin de moi. Tout l'amour qu'on démontrait à mon égard m'aida à développer une grande confiance. Je me considérais une jeune fille très chanceuse, car je savais que mon sort était bien meilleur à celui d'autres personnes.

Sur cette image: ma grand-mère Jeanne et moi

Lorsque je fus assez grande pour qu'on me parle de la mort de mes deux frères aînés, je crus que c'était mon propre esprit qui avait tenté, sans succès, de pénétrer ce monde à deux reprises en tant que mâle, et que ce ne fut qu'au troisième essai que j'eus du succès, en tant que femelle. À ce moment-là, il m'importait peu d'être garçon ou fille.

J'étais un bébé plutôt petit, mais mon frère Pierre, né deux ans après moi en 1960, était assez grand. Malgré ceci, quand nous étions enfants, on aurait dit que nous étions des jumeaux, de sorte que nos parents nous habillaient de façon similaire : si je portais un chandail et une jupe rouges, il portait un chandail et un pantalon rouges.

Ma sœur, Marie-Josée, est née en 1962. Mon plus jeune frère, nommé Alain comme mon autre frère qui était décédé peu après sa naissance, est né en 1967. Quand Alain est né, j'avais neuf ans, je faisais partie des Guides et je menais une vie assez intéressante. J'agissais comme si Alain était mon propre bébé. Lorsque je rentrais de l'école, je m'occupais de lui. Une fois, quand j'avais douze ans, je m'opposais avec obstination à mon père, quant à une décision concernant Alain. C'est alors qu'il m'arrêta et me rappela que je n'étais pas, en fait, sa mère. Cette histoire me fait encore rire aujourd'hui.

Mes parents sont nés en 1930 avec cinq semaines de différence entre eux. Ils se considéraient comme des égaux et nous traitaient tous ainsi. Nous avions le même nombre de tâches. Chacun à son tour sortait les poubelles ou pelletait la neige, et mes frères aidaient à cuisiner et à nettoyer la maison. C'était une belle façon d'élever une famille. Nous étions cinq enfants très proches les uns des autres.

Je partageais une magnifique chambre avec ma sœur que mon père avait lui-même décorée. Les murs étaient recouverts d'une tapisserie rose rayée de blanc, avec des calèches de Cendrillon sur la bordure. Tous nos meubles avaient été confectionnés par mon père et nos lits étaient de style princesse. J'adorais être dans cette chambre ; elle était magique.

Nous étions une famille de classe moyenne et avions toujours tout ce dont nous avions besoin et même plus, comme par exemple de nouvelles bicyclettes. Nous étions les premiers dans notre rue à avoir une télévision en couleur, un poêle moderne et un four à micro-ondes. En 1962, lorsque j'avais quatre ans, je me souviens que ma mère avait participé à l'émission *Femme d'aujourd'hui*. J'étais ravie de la voir à l'écran et je croyais, à ce moment-là, que n'importe qui pouvait passer à la télévision. De la même façon, parce que le maire était notre voisin, je croyais que n'importe qui pouvait l'être aussi. Au lieu de voir les niveaux hiérarchiques de notre communauté, j'étais convaincue que toutes les personnes étaient égales et accessibles. En effet, je croyais que tout était possible.

Mon père, un voyageur de commerce, devait souvent s'absenter. Malgré ceci, j'avais énormément d'admiration pour lui et j'adorais être en sa compagnie. C'était un bel homme, grand, qui portait toujours un complet. Il était très avenant et semblait connaître tout le monde. J'ai hérité de sa personnalité : être amicale et ouverte envers les autres est tout à fait naturel pour moi. L'entreprise pour laquelle mon père travaillait lui changeait de voiture à tous les ans et, lorsqu'il arrivait à la maison avec la nouvelle auto, il nous appelait dehors pour l'admirer d'un son de klaxon.

Nous avons été élevés dans la religion catholique. Tous les dimanches, nous allions à l'église à bord de la voiture de mon père. Les samedis soirs, ma mère nous aidait à choisir nos habits du dimanche et nous prenions nos douches et polissions nos souliers pour ne pas être à la course le lendemain matin. Après la messe, nous dinions avec ma grand-mère maternelle, Jeanne, et ensuite visitions mes grands-parents paternels, Paul Chaloux et Lucille Therrien, pour le souper. C'était notre routine du dimanche. Je m'entendais bien avec mes grands-parents. À mes yeux, notre famille était extraordinaire.

Lorsque mon père s'absentait pour le travail, ma mère restait à la maison et ma grand-mère Jeanne venait nous rendre visite pour la semaine. À tour de rôle, chacun de nous dormait soit avec notre mère ou bien avec notre grand-mère. Nous aimions dormir avec elles, dans leurs lits, et écouter leurs histoires. Parfois, je passais la fin de semaine chez ma grand-mère et elle me racontait des histoires fascinantes à propos de mon arrière-grand-mère, Clara Bourgeois. Clara avait vécu dans un immense appartement situé au-dessus d'une rangée de magasins. Un de ces magasins était une buanderie appartenant à deux Chinois qui la géraient eux-mêmes. Ils ne restèrent pas très longtemps au Canada car, dans le temps, il était difficile pour les Chinois non-catholiques ou non-chrétiens d'émigrer au Québec. Ce logement, avait appartenu auparavant à sa mère. En face, il y avait un grand hôtel qui avait accueilli plusieurs célébrités québécoises, mais tout ceci était bien avant que je sois née.

Pendant plusieurs années, mes parents tenaient des réunions chez nous pour des associations dont ils étaient membres. Je me souviens que mes parents ont souvent tassé les meubles de côté afin de placer des chaises un peu partout. J'avais à peine deux ans quand les réunions commencèrent à avoir lieu. Le but de ces rencontres était de rapprocher des couples séparés et d'unifier des familles qui avaient des difficultés. Voilà pourquoi je crois fermement qu'il est possible d'aider les autres à travers des réunions et des discussions.

Quand mon père débuta son emploi comme voyageur de commerce, ma mère le voyait moins souvent. Alors, il lui promit de l'emmener en voyage deux fois par année pour rattraper le temps qu'il ne pouvait passer avec elle. Ainsi, deux fois par année, nos parents nous laissaient soit avec ma grand-mère ou bien avec une gardienne. Chacune de leurs absences nous aida à devenir de plus en plus indépendants et nous appréciions le temps que nous passions ensemble. Rapidement, nous apprîmes à être autonomes. Il est vrai que parfois nous nous sentions abandonnés, mais nous savions que nous étions entre de bonnes mains et que quelqu'un veillait sur nous. Nous nous querellions très peu, fait rarissime pour une famille avec cinq enfants. C'était une belle époque de nos vies.

Une fois, quand j'avais environ neuf ans, nous sommes demeurés chez une gardienne pendant que mes parents étaient partis en croisière. Alain, qui avait un mal d'oreille, se mit à pleurer. Normalement, nous le prenions dans nos bras pour le rassurer mais, cette fois-ci, la gardienne nous dit de le laisser pleurer et qu'il finirait bien par s'endormir. Mon frère aîné et moi étions convaincus qu'Alain était en danger, alors nous décidâmes de nous enfuir. Il nous fallait prendre deux autobus pour nous rendre chez notre grand-mère. Imaginez sa surprise lorsqu'elle ouvrit sa porte et vit ses cinq petits-enfants qui étaient « en fugue ». Après cette aventure, mon frère, Michel, devint mon héros. Je ne sais toujours pas d'où il avait trouvé l'argent pour qu'on prenne tous l'autobus mais, grâce à lui, nous nous étions rendus chez notre grand-mère, sains et saufs.

Michel a souffert pendant des années à cause d'une défaillance cardiaque qui l'obligea à subir une chirurgie à cœur ouvert à l'âge de vingt-cinq ans. Hélas, il reçut du sang infecté lors d'une transfusion et contracta l'hépatite C. Plusieurs fois par an, il devait se rendre à l'hôpital pour recevoir des traitements médicaux. Je haïssais de le voir malade. J'ai beaucoup appris de lui; entre autres, il m'a fait découvrir la musique à travers sa passion pour les Beatles.

Ma mère avait un frère, mon oncle Jacques. Il occupe une place importante dans ma vie car, il était aussi mon parrain et me traitait comme si j'étais sa propre fille. Entre mes parents, ma grand-mère Jeanne et mon oncle Jacques, c'était comme si deux mères et deux pères nous avaient élevés. Oncle Jacques travaillait pour Radio-

Canada. Un homosexuel avec beaucoup de culture, il était très instruit sur plusieurs choses car il voyageait souvent. Depuis notre tendre enfance, il nous faisait écouter de la musique et nous parlait d'histoire et des différentes cultures et religions qu'il avait connues lors de ses nombreux voyages. Dans le temps, peu de Québécois voyageaient vers des pays tels que la Chine ou la Russie, mais lui l'a fait, parce qu'il se sentait assez en confiance pour partir à l'aventure. De plus, lorsqu'il arrivait à un endroit, il trouvait le moyen de faire des arrangements pour se rendre à une autre destination. Il nous ramenait des vêtements, des livres et des encyclopédies en cadeau, en plus de partager ses connaissances du monde avec nous. Quand je ne savais pas quelque chose, j'appelais mon oncle Jacques et il me renseignait. Il nous emmena à Montréal pour visiter des musées et il nous informait sans cesse sur un grand nombre de sujets. Nous étions conscients d'être des enfants forts privilégiés de pouvoir en savoir autant sur différentes cultures, car rares étaient ceux qui s'aventuraient hors de Saint-Jérôme à cette époque.

Pendant mon enfance, il y avait tellement de personnes dans mon entourage à qui je faisais confiance, que je respectais et de qui j'ai tant appris sur la vie. C'est l'une des raisons pour lesquelles aujourd'hui, je suis une personne forte et déterminée qui persiste à trouver des solutions aux problèmes.

Toute notre vie de famille me semblait parfaite. Je n'ai jamais été témoin d'une dispute entre mes parents; ils étaient un couple qui s'aimait beaucoup. Toutes les occasions spéciales étaient célébrées en compagnie de nos grands-parents et nous étions comblés d'affection et gâtés par de nombreux cadeaux. À Noël, nous recevions une trentaine de cadeaux et, à tous les niveaux, vivions dans l'abondance. Je me sentais totalement choyée. Même aujourd'hui, plus vieux, nous prenons le temps de nous voir au moins une fois par mois pour célébrer un anniversaire ou tout autre événement spécial.

En 1963, lorsque j'avais cinq ans, je commençai l'école primaire au Couvent des Sœurs du Bon Conseil à Saint-Jérôme, une école pour filles gérée par des religieuses. C'était la seule école où les filles portaient des robes blanches pour leur première communion. C'était la raison pour laquelle ma mère l'avait choisie ; elle refusait de m'inscrire à une école où des uniformes seraient portées pour cette cérémonie.

Dans ce temps-là, nous vivions à Saint-Antoine et c'était mon voisin qui était supposé me conduire à l'école les matins, mais il déménagea de notre quartier. Ainsi, âgée d'à peine cinq ans et avant même de savoir lire, je n'avais pas d'autre choix que de prendre l'autobus et me rendre à l'école toute seule. Tous les jours, j'enfilais mon sac à dos et j'entamais mon trajet. Je devais prendre un premier autobus qui en rejoignait un deuxième pour arriver à l'école.

En peu de temps, j'avais appris à connaître tous les adultes qui prenaient l'autobus avec moi, tant à l'aller qu'à mon retour de l'école. Ils devinrent mes amis. Un matin, je vis mon chauffeur changer d'autobus. Je le suivis, prenant place dans l'autobus car je le connaissais, donc je lui faisais confiance. Lorsque je m'aperçus qu'il n'empruntait pas la route habituelle, je me mis à pleurer. Je ne savais plus où j'étais ! Le chauffeur me supplia de ne pas pleurer, il me raccompagnerait jusqu'à mon école. Ce fantastique chauffeur d'autobus me montra qu'en faisant confiance aux autres, je me rendrai toujours là où je dois aller.

Mon école primaire était un pensionnat, mais je rentrais à la maison puisque j'habitais tout près. Je m'entendais assez bien avec les filles de la classe supérieure et elles s'occupaient de moi comme si j'étais leur petite sœur. Parfois, je manquais mon autobus au retour alors je dinais avec elles dans la cuisine de l'école. J'aimais être dans cette salle à manger, où régnait une ambiance harmonieuse et de bien-être. Assise avec les autres filles, j'imaginais d'autres endroits comme celui-là où des gens pouvaient se rassembler, en paix et en amour, sans aucune confrontation.

Je fréquentai cette école pour ma première année de primaire seulement. Ensuite, on m'accepta dans une autre école catholique, Sainte-Thérèse de l'Enfant Jésus, à Saint-Antoine. Elle était si proche de notre maison que je m'y rendais à pied. La mère supérieure était une femme très religieuse et moi, j'aimais être à cette école. J'y suis restée pendant les cinq autres années de mon primaire.

Tout au long du primaire, j'essayais d'arriver de bonne heure pour aider les enseignantes en faisant des photocopies, par exemple, ou toute autre tâche qui pouvait leur rendre service. Je dois beaucoup à ces sœurs en particulier. Elles m'ont tant inspirée. J'avais tissé des liens d'amitié avec elles car, dans le temps, je songeais aussi à devenir religieuse. Depuis un jeune âge, j'étais convaincue que mon destin sur cette planète était de faire du mieux que je pouvais pour mener une vie honnête et d'aider les autres. Je crois en la réincarnation et pense que mon devoir est d'accomplir des choses positives. Avant, je croyais qu'être une religieuse serait la meilleure façon de réaliser cela. Puisque j'avais le sentiment d'être presque venue au monde dans le corps d'un garçon, je me sentais comme une personne qui avait l'âme d'un garçon et d'une fille. Je ne ressentis pas le besoin d'être en couple jusqu'à bien plus tard dans ma vie.

Quand nos amis avaient besoin d'aide, ils pouvaient coucher chez nous et nous les consolions. Ainsi, tous mes frères et ma sœur sont à un moment donné venus en aide à leus amis. Une de mes bonnes amies, Lizanne, qui était aussi petite que moi et très sportive, avait de nombreux problèmes familiaux. Ses parents lui avaient révélé qu'elle avait été un accident, sa conception n'avait pas été planifiée. En conséquence, elle se sentait indésirable. Elle dormait souvent chez nous et ensemble nous avions participé à plusieurs activités sportives tout au long de notre vie scolaire.

Mes parents continuèrent de tenir les réunions dans notre maison avec les gens de la communauté. Entre ces sessions, prendre l'autobus toute seule et toute mon expérience à l'école avec les sœurs et les autres étudiantes, je commençai à définir mes objectifs de vie. J'avais souvent des maux d'oreille et mes amygdales devenaient enflées. Alors, à cinq ans, mon père m'emmena dans une clinique spécialisée où on m'enleva les amygdales. J'étais nerveuse et j'avais peur, mais mon père me tint dans ses bras pour me rassurer.

Je me sentais en sécurité, comme au septième ciel. On m'endormit. Quand je me suis réveillée de l'anesthésie, j'avais perdu toute notion du temps. J'étais encore somnolente dans la voiture sur le chemin de retour à la maison. Il me prit dans ses bras encore une fois ; je me sentais comme une poupée en tissu. Mon père était à la fois si fort et si tendre.

Je dus rester à la maison en convalescence pendant deux semaines. Pendant ce temps, ma grand-mère Jeanne prit soin de moi.

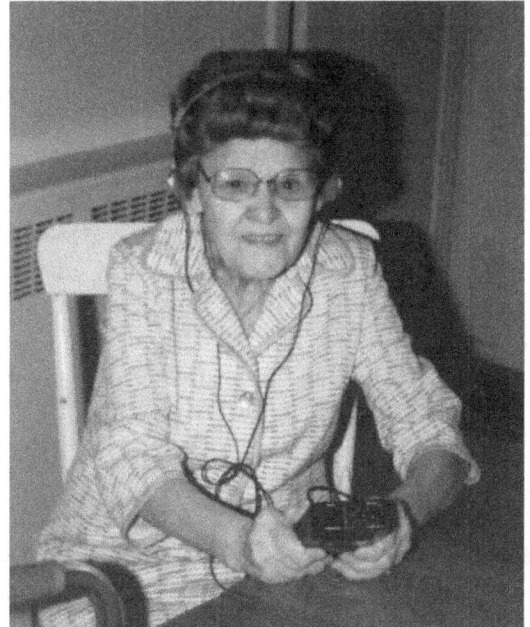

Ma grand-mère Jeanne avec ses écouteurs

Elle me raconta d'autres fascinantes histoires sur mon arrière-grand-mère, sa mère, Clara Bourgeois. Pendant trente ans, ses histoires continuèrent à m'enchanter. J'étais la seule qui s'intéressait à les entendre. Pendant ces récits, je développais ma capacité d'analyser des situations et de trouver la meilleure solution qu'il soit.

Bien que mon arrière-grand-mère Clara soit décédée en 1948, dix ans avant ma naissance, elle demeure une grande source d'inspiration pour moi et je ressens, encore aujourd'hui, un lien étroit avec elle. Outre son métier de sage-femme, elle s'occupait des personnes âgées ou mourantes, en plus de s'occuper de ses propres enfants. Son mari était chef de gare pour la région de Saint-Jérôme pendant plus de soixante ans. À cette époque, la contraception n'existait pas et l'Église catholique encourageait les femmes à avoir un enfant par année, si possible. Elle en eut dix-sept. Un jour, elle demanda à l'évêque d'annuler son mariage, lui expliquant qu'elle était de la même famille que son mari. L'évêque refusa et lui dit de continuer à avoir des enfants. Lorsque ma grand-mère me raconta cette histoire, je compris l'importance d'être en bons termes avec l'évêque si l'on veut avoir des conversations franches et résoudre des problèmes ensemble.

Clara était très active dans sa communauté à Saint-Jérôme. Elle siégeait sur le conseil d'administration de trois ordres religieux et était présidente du Tier Ordre de Saint François d'Assise, qui n'existe plus aujourd'hui. Chaque jour, après avoir préparé un immense chaudron de soupe pour ses enfants, elle en emportait pour les personnes âgées et oubliées. Jadis, il y avait beaucoup de personnes qui habitaient dans des cabanes abandonnées à l'arrière de vieilles maisons. Quand une de ces personnes mourait, Clara lavait leur corps et aidait la famille du défunt, s'il en avait, à faire leur deuil. Cette brave femme avait dédié toute sa vie à sa famille et à sa communauté.

Dans le temps, lorsqu'une femme était sur le point d'accoucher, les autres enfants devaient quitter la maison pour ne pas voir la naissance. Habituellement, ils allaient dans la grange près de la maison et ils y demeuraient jusqu'à ce que le bébé soit né. Alors, ils revenaient à la maison pour accueillir le nouveau-né. En guise d'explication, les parents disaient à leurs enfants que l'Indien était passé, avait frappé leur mère et lui avait laissé un enfant. Cette histoire tire ses origines de certains événements qui eurent lieu durant l'époque de la colonisation française au Canada. Plusieurs Français n'avaient pas d'épouses et l'Église refusait qu'ils se marient avec des Amérindiennes, en dépit du fait que la plupart d'entre eux avaient des relations sexuelles avec elles. Si une Amérindienne donnait naissance à un enfant « blanc », le chef prenait le bébé et le laissait sur le seuil de la porte du père.

Près de la maison de Clara, il y avait une route qui allait de Sainte-Thérèse jusqu'à Sainte-Adèle, en passant par Saint-Jérôme, qui était souvent empruntée par des quêteux. Ceux-ci, parfois, s'arrêtaient chez elle car elle avait une banquette à l'intérieur de sa maison où ils pouvaient se reposer, dormir et manger. Par un jour froid, une femme qui portait des chaussettes et des bottes trouées s'arrêta chez Clara. Mon arrière-grand-mère savait que la femme ne pourrait jamais se rendre jusqu'à Sainte-Adèle sans que ses orteils ne gèlent, alors elle se dirigea vers son armoire, d'où elle retira une boîte métallique dans laquelle elle gardait ses économies. Des membres de la famille la supplièrent de ne pas toucher à cet argent car ils en auraient besoin eux-mêmes pour acheter de la nourriture. Mais Clara leur répondit : « Non, aujourd'hui Dieu veut que nous subvenions au besoin urgent de cette personne, et c'est ce que nous devons faire ». Elle acheta des chaussettes et une nouvelle paire de bottes pour la femme, qui la remercia de tout cœur avant de poursuivre son chemin.

Plus tard dans la journée, le mari de Clara revint du travail avec un colis en main provenant de Sainte-Véronique, un canton situé plus au nord dans la région des Laurentides. Pendant l'époque de la colonisation, le père Antoine Labelle (Curé Labelle), un prêtre catholique, avait demandé aux familles de la région d'aider à l'achat de terrains ; l'argent ramassé serait utilisé pour prolonger la route des Laurentides vers le nord. La famille de Clara fut parmi celles qui achetèrent des terres à Sainte-Véronique. Ainsi, la route fut prolongée et, quelques années plus tard, la famille vendit les terrains. Le colis en question contenait les documents qui finalisaient cette vente, rendant Clara riche. Ressentant joie et satisfaction, elle dit à ses enfants : « Vous voyez, quand vous aidez les autres, Dieu fait en sorte que toutes les choses finissent par s'arranger ».

La fille aînée de Clara n'était pas d'accord. Elle était d'avis que même si sa mère n'avait pas aidé la quêteuse, ils auraient tout de même reçu l'argent. Clara refusait d'y croire. « Non, dit-elle, si nous ne l'avions pas aidée, nous n'aurions pas reçu cet argent. Les choses sont en lien les unes avec les autres ». Ce récit m'apprit qu'il faut se concentrer sur le présent. Si je réussis à aider quelqu'un aujourd'hui, cette journée sera excellente et celle de demain sera encore meilleure.

Un jour, on me raconta une autre histoire. Celle-ci concernait un des commerçants locaux qui avait un grave problème de souris. Un jour, Clara lui dit que s'il voulait se débarrasser des rongeurs, il devait les vendre à la quêteuse, qui n'aura pas de mal à s'en débarrasser. Elle ne lui donna pas plus d'explications, alors c'était difficile d'y croire, mais le commerçant lui fit confiance et consentit. Avec l'argent qui lui avait été donné par Clara, la femme acheta les souris, qui la suivirent lorsqu'elle entama son chemin vers le nord. Soulagé et heureux, le commerçant avait résolu son problème grâce à la suggestion de mon arrière-grand-mère. Vous connaissez peut-être un conte similaire ayant trait à un homme, sa flûte et des souris, mais celui-ci, c'est notre légende locale sur Clara.

Ma grand-mère Jeanne était une des dix-sept enfants de Clara et celle qui vécut le plus longtemps. Jeanne aurait aimé avoir un grand nombre d'enfants, mais elle en n'eut que deux, ma mère et mon oncle Jacques, car elle devint stérile à l'âge de trente-sept ans. Elle était une grand-mère formidable, agissant plus souvent comme une sœur ou une amie. Nous passions beaucoup de temps ensemble et elle n'avait jamais besoin d'agir comme symbole d'autorité avec moi.

Mes grands-tantes, Fébrénie, Aurore et Blanche, étaient des religieuses (voir image ci-dessus). Ma grand-mère aimait bien passer du temps avec ses sœurs, mais bien qu'elle ait été très pieuse, elle n'avait jamais voulu devenir une religieuse elle aussi. Mes grands-tantes venaient souvent nous voir à Noël et à Pâques. Elles avaient été des femmes très généreuses et gentilles et j'avais énormément d'admiration pour elles. Elles occupaient une grande place dans ma vie et étaient l'une des raisons pour lesquelles j'avais voulu devenir sœur. J'ai de nombreuses photos d'elles, mais ce n'est pas moi sur ces photos, c'est ma mère. Je lui ressemble énormément.

Une des sœurs était en charge d'un orphelinat, l'autre soignait des malades et la troisième voyageait partout dans le monde comme missionnaire. Leurs accomplissements et leur infatigable énergie me servaient d'inspiration. Un jour, leur frère, mon grand-oncle Henri, trouva des figurines en porcelaine qui représentaient trois religieuses et en acheta une pour chacune d'entre elles. Quand Sainte Fébrénie décéda en 1966, Henri peignit leurs trois noms sur le dos d'une des figurines et la donna à ma grand-mère (image ci-dessous).

Aujourd'hui, c'est moi qui l'ai et je trouve qu'elle représente si bien ces trois merveilleuses femmes. Soeur Aurore mourut en 1970, suivie quelques années plus tard par Soeur Blanche. Mes grands-tantes me montrèrent comment élargir mes horizons afin d'accomplir des choses extraordinaires et m'apportèrent la confirmation que tout est possible.

Ma grand-mère adorait peindre. Lorsqu'elle était jeune, elle avait peint des portraits historiques d'Amérindiens, d'enfants malades, d'une femme et de son chien, de Napoléon en exil à l'île Sainte-Hélène. J'ai quelques-uns de ses chefs-d'œuvre dans ma maison. Elle arrêta de peindre en 1928, quand elle se maria. Elle m'expliqua que, jeune femme, elle avait été amoureuse d'un homme dont le père était alcoolique. Ses parents refusèrent donc qu'elle se marie avec lui, sous le prétexte que puisque l'alcoolisme était héréditaire, il deviendrait un alcoolique à son tour. À l'âge de vingt-huit ans, toujours célibataire et nullement intéressée par d'autres hommes, ses parents lui exigèrent soit de se marier ou de devenir une religieuse. Peu de temps après que l'ultimatum ait été lancé, on lui présenta un homme qu'elle épousa sans prendre le temps de bien le connaître. Il n'était certainement pas l'homme de sa vie, mais elle eut tout de même des enfants avec lui presque immédiatement et se consacra par la suite à les élever, en plus de travailler dans ses magasins. Voilà pourquoi elle avait abandonné la peinture. Je n'ai jamais connu son mari, qui est décédé quelques mois avant ma naissance.

Sur cette image: un tableau peint par ma grand-mère Jeanne

Un jour, mon père nous emmena, accompagnés de grand-mère Jeanne, au Mont Laurier où il avait loué un chalet. Quand elle était avec ses petits-enfants, Jeanne avait toujours le sourire aux lèvres et elle riait souvent. Je me souviens que nous étions à table, sur le point de boire du jus fraîchement pressé quand celui-ci se renversa sur la table. Grand-mère Jeanne jeta rapidement un regard autour d'elle et, avant que mes parents nous voient, elle prit une paille et but le jus directement de la table ! C'était toujours la rigolade quand nous étions avec elle. Elle était le pilier de la famille, une grande sœur et une blagueuse qui aimait tout le temps jouer des tours avec ses petits-enfants.

Jeanne était très créative et aimait beaucoup la couture. Si je voyais une robe que je voulais, je la lui dessinais sur du papier et elle me la confectionnait. Je l'observais pendant qu'elle cousait et ainsi j'apprenais comment faire en même temps. En plus, elle m'apprit à dessiner et à peindre.

Ma grand-mère vécut pendant plusieurs années avec sa sœur Imelda. À un moment donné, ma sœur et moi avions discuté de vivre ensemble lorsque nous serions plus vieilles, car nous voyions combien Jeanne et Imelda avaient été heureuses ensemble. Elles étaient toutes deux aussi proches l'une de l'autre que je le suis avec ma sœur.

La première fois que je fis face à la mort de quelqu'un fut en 1964, lorsque j'avais presque sept ans. Mon grand-père paternel, de retour à la maison après une journée de travail, trouva ma grand-mère Lucille morte dans leur lit. On nous raconta que des traces d'animaux avaient été observées sur le seuil de la fenêtre de sa chambre et que des loups l'auraient tuée. En réalité, la mère de mon père avait succombé à une crise cardiaque. C'était une période difficile, nous étions une famille si proche. Je me souviens d'avoir pleuré à l'école le lendemain et que mon institutrice me dit d'arrêter. Selon elle, il ne fallait pas pleurer lorsqu'une grand-mère décédait. Je m'étais dit qu'elle ne devait aimer personne, sinon elle aurait compris qu'il est tout à fait normal d'être triste lorsqu'on perd un être cher. Je ne pouvais m'empêcher de penser que je ne reverrais plus ma grand-mère Lucille pour les soupers du dimanche ni durant les fêtes du jour de l'An.

La nuit avant ses funérailles, nous étions tous au salon funéraire pour le premier service funèbre. Le cercueil était ouvert afin que nous puissions lui dire au revoir. Hélas, quand ma petite sœur essaya d'embrasser ma grand-mère sur la joue, elle tomba dans le cercueil. On se regarda tous, incrédules, avant d'aller à sa rescousse. Aujourd'hui, je peux en rire, mais au moment-même, tout le monde était en deuil et l'ambiance était très triste. Malgré ceci, on joua à cache-cache au salon funéraire toute la journée. Après tout, nous étions quand même des enfants.

Nous étions tous présents pour les funérailles de ma grand-mère Lucille et beaucoup de larmes furent versées cette journée-là. Nous n'avions aucun doute que notre grand-mère était au paradis car elle avait été une femme vraiment remarquable. Mon père nous dit qu'il voulait mourir rapidement, comme elle, à l'âge de soixante-quatre ans afin que personne n'ait à s'occuper de lui.

Je me souviens d'avoir joué dans la rivière qui coulait près de notre maison avec une vingtaine d'amis du quartier. Un jour où il faisait moins froid que d'habitude, nous étions en train de jouer sur la glace quand, tout à coup, elle craqua et nous tombâmes tous à l'eau. Heureusement, l'eau n'était pas très profonde à cet endroit, alors nous en avions tous ri. Mais les rires ne durèrent pas longtemps. Quelques-uns des enfants craignirent d'être punis et même de recevoir des volées de leurs parents pour s'être mouillés. J'essayai de leur expliquer que ça n'avait pas été de leur faute, mais mes mots leur offraient peu de réconfort. Moi, je n'avais peur de personne (peut-être que pour un bref moment je pensais avoir peur du Pape mais, à bien y penser, je ne craignais même pas Sa Sainteté). Personne ne pouvait m'empêcher de faire ce que je voulais faire.

Ma mère a cette même attitude, dont j'ai hérité. Elle est une chrétienne catholique qui a été très active au sein de plusieurs associations de bienfaisance, du conseil de l'école et de la commission scolaire. Même aujourd'hui, à l'âge de quatre-vingt-trois ans, elle continue à faire du bénévolat en lisant la bible et en donnant la communion à l'église. Elle me rappelle sans cesse que jamais personne ne lui a dit quoi faire. De plus, mes parents ne faisaient jamais des promesses qu'ils ne pouvaient pas tenir.

Lorsque j'avais neuf ans, mes parents décidèrent d'emmener mes frères et moi à l'exposition internationale, Expo 67, qui avait lieu à Montréal. Ma mère était enceinte d'Alain et ma sœur, Marie-Josée, était encore trop petite pour nous accompagner. C'est à cette date que le métro de Montréal fut inauguré, et nous ne savions pas comment il fonctionnait. Nous attendions sur la plateforme de la station quand le train arriva et les portes s'ouvrirent. Ma mère entra dans le wagon avec Michel et Pierre, et les portes se fermèrent derrière eux. Mon père et moi étions restés sur la plateforme ! Comme le train s'éloignait, mon père essayait désespérément de faire signe à ma mère. Cette journée-là, je crus avoir perdu ma mère à tout jamais. Notre première expérience avec le métro ne fut pas une réussite... mais on en rit après.

Chapitre XII

En 1969, le gouvernement décida de construire un aéroport à Mirabel. Nous fûmes expropriés, c'est-à-dire que nos maisons furent saisies dans le cadre d'un achat obligatoire. Bien que le gouvernement nous laissa l'option d'être locataires de nos propres maisons, de nombreuses familles décidèrent de déménager, ne sachant pas ce qui se passerait par la suite. Quand elles partirent, je perdis beaucoup d'amis.

De notre côté, nous ne voulions pas déménager. Alors, nous sommes restés en choisissant de louer notre maison du gouvernement. On nous dit que le nouvel aéroport créerait des emplois dans la région. L'idée de travailler à l'aéroport un jour me plaisait. Je décidai donc d'apprendre d'autres langues car ce serait très bénéfique pour moi.

En 1971, je commençai le secondaire à l'École Frenette. L'année précédente, certains élèves avaient eu la possibilité de sauter la septième année du primaire et d'aller directement au secondaire, grâce à leurs bonnes notes et à une restructuration éducative. Je n'avais pas pu le faire, contrairement à la plupart de mes amis, car ma mère craignait que je sois trop jeune. J'avais été déçue par sa décision ; je ne voulais pas être séparée de mes amis.

À cette époque, plusieurs changements majeurs eurent lieu dans le système éducatif. De nombreux prêtres et religieuses arrêtèrent d'enseigner et furent remplacés par des enseignants laïques. L'école secondaire que je fréquentais était divisée en trois sections, chacune dans un bâtiment distinct. Cette école avait des règlements très stricts quant à la tenue vestimentaire. Mais ma mère, qui siégeait sur le conseil de la commission scolaire, m'informa d'une décision qui avait été prise lors d'une réunion de la commission qui permettrait plus de flexibilité quant à ces directives. Alors, le lendemain, je portai un mini short à l'école. Le professeur me réprimanda et m'envoya au bureau du directeur, qui m'expliqua que ma tenue n'était pas appropriée pour l'école. Je me moquai de ses objections car j'avais bel et bien le droit de porter mon short. Ma mère m'avait mise au courant du changement à la politique vestimentaire avant que la plupart des autorités n'en soient informées. Après quelques appels, le directeur se rendit compte que j'avais raison. Je n'ai jamais eu peur de me battre pour mes droits. Dans ce cas-ci, je n'avais fait que mettre en pratique une nouvelle politique plus rapidement.

L'année d'après, je commençai mes cours à l'École Marchand. Je décidai de me dévouer aux sports, alors je m'entraînais avant et après les cours. Je participais même aux compétitions régionales de gymnastique, au niveau des barres asymétriques, et aux courses à obstacles. J'obtins première place à Saint-Jérôme, alors on m'envoya aux championnats provinciaux du Québec. J'arrivai en quatrième place lors de cette compétition. Je me sentais humiliée ; je n'avais gagné aucune médaille, je n'avais pas pu prendre place sur le podium. Tous mes efforts n'avaient mené à rien, alors je décidai d'abandonner les sports. Je me concentrerais sur d'autres choses.

À partir de 1973, je fréquentai l'École polyvalente pour les années trois, quatre et cinq du secondaire. Mon frère Michel, qui était en secondaire cinq, allait à cette même école et ses amis me protégeaient comme si j'étais leur petite sœur aussi. J'aimais toute l'attention qu'on me donnait et me sentais privilégiée de pouvoir être amie et manger avec eux.

De nouveaux voisins s'installèrent dans notre rue et je me mis à remarquer un jeune homme du nom de Normand. Nous devînmes des amis et mon père l'invita souvent à souper chez nous. Normand était homosexuel et nous l'acceptions tel qu'il était. Il devint comme un membre de la famille et nous appréciions tous sa compagnie. À ce jour, nous demeurons proches et nous rendons souvent visite.

Quand j'eus quatorze ans, mon père voulut que mon frère Pierre s'engage dans l'armée, comme lui-même l'avait fait en son temps, disant que ce serait bon pour sa discipline. J'étais furieuse ; je venais de faire une grève de faim pendant trois jours dans un parc à Saint-Jérôme afin de protester contre l'envoi de troupes au Vietnam. Nos slogans promouvaient la paix mondiale. Même notre évêque, qui appuyait notre initiative, était venu nous voir pour s'assurer que tout allait bien. J'étais alors fâchée contre mon père, je ne voulais pas que mon frère soit obligé de se joindre à un combat que je considérais être le résultat d'une décision stupide de la part de politiciens américains. Ce conflit ne les regardait pas et, à mon avis, il fallait promouvoir l'amour et la paix dans le monde, et non la guerre.

1974 fut une année bien différente pour moi. Michel et ses amis n'étaient plus à l'école avec moi, ils avaient tous terminés leur secondaire. Mon frère commença à travailler pour une compagnie qui fabriquait des fils électriques et se maria avec une jolie jeune femme. À cette époque, il n'y avait pas beaucoup de personnes qui se mariaient. Pour ma part, je songeais toujours à l'idée de devenir sœur mais, en même temps, l'idée d'avoir des enfants me plaisait aussi, surtout grâce au temps que je passais à m'occuper de mon petit frère, Alain. Je savais que je ne pourrais pas faire les deux. On entendait parler de femmes qui se faisaient avorter ; je ne comprenais pas pourquoi. Un jour, à l'école, j'écris une histoire portant sur un fœtus qui avait été avorté et dont l'esprit était déprimé car on lui avait refusé la vie. Tous les débats sur l'avortement me confirmèrent une chose : je voulais absolument avoir des enfants.

N'ayant plus de déjeuners sociaux en compagnie de mon frère et de ses amis, je me mis à dédier mon temps à deux organisations distinctes mais semblables, le *Concile des jeunes* et les *Jeunes du monde*. Nous participions à plusieurs activités pastorales destinées aux élèves et nous planifions des excursions avec nos amis pour aller rencontrer d'autres jeunes provenant de tous les coins du monde. Le Conseil mondial de la jeunesse avait été formé à Taizé, en France, où était située l'église Saint-François-d'Assise. Cette organisation avait des branches à Saint-Jérôme, Québec, Sherbrooke et New York. Nous nous réunions pour prier et pour trouver des solutions pour améliorer le monde.

Mon implication au sein de ces associations m'ouvrit de nombreuses portes. J'étais entourée d'amis incroyables. Les jeunes prêtres de notre école voulaient créer un groupe qui réunirait plusieurs groupes d'élèves chrétiens et catholiques. Nous passions beaucoup de temps ensemble, dans une salle qui nous était dédiée, pour organiser diverses activités dont une levée annuelle de fonds nommée « La marche pour le tiers monde », où tout l'argent qu'on réunissait était destiné aux pays du tiers monde. Nous avions également réalisé une immense murale pour l'école. Réunis dans une salle, nous avions mis de la musique et avions commencé à créer notre chef-d'œuvre dans une ambiance positive et très animée. Puisque nous étions toujours accompagnés d'un prêtre, personne ne se moquait de nous et nous ne nous sentions jamais découragés par des critiques ou de la négativité.

Cet hiver-là, un autre groupe chrétien fut formé, les Quatre Saisons. Il se dédiait aux activités de plein air, comme par exemple la fois où le groupe, à bord de deux autobus, partit avec un des prêtres pour faire de la raquette dans le bois du Mont Tremblant. Ces sorties étaient tellement constructives et formatrices.

Mon premier voyage loin de ma localité eut lieu en 1974, quand j'avais seize ans, avec mes amies Francine, Lyne et Marianne. Nous allions à Québec pour la "Superfrancofête", un rassemblement international pour jeunes. Nous étions supposées dormir à l'île d'Orléans mais, une fois à bord de l'autobus, nous décidâmes de débarquer à Québec pour faire du camping sur le site même de la fête, les plaines d'Abraham. Malheureusement, arrivées sur le site, on nous avisa que le camping était interdit. Nous n'avions donc pas d'endroit pour dormir et serions sans abri pendant les prochains jours. Une dame qui habitait dans le coin nous aperçut et nous invita à dresser notre tente dans son arrière-cour. Alors, rassurées, nous nous installâmes et nous sentions beaucoup plus en sécurité quand, tout à coup, il se mit à pleuvoir si fort que nous étions trempées, toutes nos affaires y compris. On essaya de trouver un abri sous les toits des bâtiments de l'université avoisinante et on trouva même des passages souterrains, les seuls endroits où l'on put dormir au sec. Quelle incroyable aventure ! Nous nous étions tellement amusées lors de cette sortie, sans aucun alcool ni drogues. Ce fut un plaisir pur et sain.

Au fil des ans, j'eus de nombreuses bonnes amies comme Francine, Marianne et Chantal. Francine, qui habitait elle-aussi Saint-Jérôme, décida un jour de changer son nom pour Colombine. Plus tard, elle partit pour l'Europe et, quand elle revint plusieurs années après, elle était mariée avec un Français. Je n'ai plus l'occasion de la voir très souvent à présent. Quant à mon autre amie, Marianne, elle venait d'une grande famille, aimait la peinture et nous avions plusieurs choses en commun. Nous travaillions ensemble comme bénévoles à l'auditorium de l'école car nous aimions la musique. De plus, cela nous permettait d'assister gratuitement à des concerts et de rencontrer les artistes après le spectacle. Nous nous sentions privilégiées. Chantal, elle, vivait à Saint-Janvier et elle était la plus jeune d'une grande famille de filles. Je l'enviais un peu d'avoir des grandes sœurs; elles lui montraient tellement de choses que je ne pouvais apprendre de mes grands frères.

Un autre de mes voyages fut à New York avec le Conseil mondial de la jeunesse, où j'eus la chance de rencontrer des personnes d'un peu partout dans le monde. L'événement avait pour but de mieux comprendre les autres cultures et de développer des stratégies d'aide mondiale. Les activités qui avaient été organisées dans le cadre de cette excursion étaient destinées à rompre les préjugés. La première journée, il fallait former des équipes avec une personne d'une autre culture ou religion, ayant une couleur de peau différente ou parlant une langue différente de la nôtre. J'étais en équipe avec un jeune Africain protestant et nous avions passé toute la journée ensemble à discuter librement et ouvertement. Cette expérience de camaraderie fut très enrichissante.

Mes amies et moi eûmes l'occasion de faire plusieurs autres voyages à divers endroits. C'était une période vraiment marquante dans ma vie.

En 1975, je m'inscris à des cours d'art dramatique et devins membre du groupe d'improvisation à l'école. Un autre membre du groupe, Robert, était le garçon le plus sympathique de la classe à mon avis. Pendant l'été, nous devions créer une pièce et l'interpréter à différents endroits à travers le Québec. Mon père ne voulait pas que je participe à ce projet car il savait que Robert y serait. En vain, j'essayai de le convaincre de me laisser y aller, lui expliquant que tout le groupe allait être présent, mais il me dit que j'étais trop jeune pour partir si longtemps. Moi qui n'aimais pas qu'on m'impose des limites, je me disais que lorsque je serais mariée, j'aurais toute la liberté que je désirais.

Cette année-là, le voyage annuel de mes parents fut au Mexique. Mon père avait des problèmes avec son artère pulmonaire et on lui avait conseillé de passer du temps dans un climat plus chaud, de se reposer sur la plage et de respirer un peu d'air marin. Alors, au début de 1976, pendant que mes parents étaient en voyage, Robert et moi décidâmes de nous marier. J'avais dix-sept ans quand il me demanda en mariage, mais dix-huit lorsque nous nous mariâmes. Lorsque mes parents rentrèrent du Mexique, je leur annonçai que j'étais fiancée ; ils ne pouvaient pas le croire. Une semaine plus tard, Robert et moi étions mariés. Avant le mariage, mon père me demanda si je voulais de l'argent pour me marier à l'église ou pour une lune de miel. Je choisis le mariage à l'église afin de le remercier pour tout ce qu'il m'avait donné tout au long de ma vie.

La cérémonie eut lieu le 6 mars 1976 à l'Église Saint-Antoine au cours d'une grosse tempête de neige. Je portais une belle robe blanche et une grande cape de fourrure car il faisait très froid cette journée-là. J'étais si jeune qu'on aurait dit que c'était ma première communion plutôt que mon mariage. La réception suivant le mariage fut un élégant dîner avec toute la famille. En somme, la journée avait été merveilleuse. Nous avions loué une superbe chambre à Val David pour notre nuit de noces. Malheureusement, nous nous perdîmes en chemin à cause de la tempête qui n'avait pas cessé et nous dûmes finalement louer une petite chambre dans un motel.

J'étais tellement joyeuse car c'était le début d'une nouvelle vie pour moi. Robert et moi avions terminé le secondaire mais une grève des professeurs nous avait privés d'un bal de finissants. Nous nous sentions comme si nous n'avions jamais terminé nos études officiellement ; les journées d'école simplement cessèrent.

Robert et moi louâmes un appartement à Saint-Jérôme. J'étais la première de mes amies à me marier et me sentais un peu coupée d'elles. Mon amie, Lyne, déménagea à Vancouver, tandis que d'autres s'installèrent à Montréal pour poursuivre leurs études ou faire avancer leurs carrières.

Je tombai enceinte l'année suivant notre mariage. Tout le monde était content pour nous car tous savaient à quel point je voulais avoir un enfant. Mon frère Michel en avait déjà un et je m'occupais de mon neveu pendant que Robert allait travailler chez le distributeur de matériel électrique, Lumen.

Une nuit, je me réveillai en sursaut car je ressentais quelque chose d'étrange. Mes contractions avaient commencé et étaient aux deux minutes. Robert appela un taxi pour nous conduire à l'hôpital. Il était tellement excité qu'il paya presque le double au chauffeur. Lorsque nous sommes arrivés à l'hôpital, j'étais sur le point d'accoucher. L'infirmière m'avertit d'arrêter de pousser ; elle devait aller chercher le médecin afin qu'on puisse me donner une péridurale. En 1977, c'était obligatoire même si la femme n'en voulait pas. Je dis à l'infirmière que je ne pouvais pas arrêter de pousser, la tête du bébé était presque sortie et je pouvais voir ses petits cheveux noirs. Le docteur arriva en courant et me donna la péridurale en même temps que le bébé naquit. Ce fut un accouchement facile et je ne ressentis presque aucune douleur.

J'étais tellement contente d'enfin voir mon premier enfant et me disais qu'il était impossible de donner naissance à un être aussi parfait. Il était mon petit miracle et je me sentais si choyée. Nous le nommâmes Mathieu et je commençai à l'allaiter tout de suite. Trois jours plus tard, on nous donna notre congé de l'hôpital et nous retournâmes à notre appartement.

Mon plus jeune frère, Pierre, étudiait encore à la Polyvalente, alors il venait chez nous sur son heure de dîner pour jouer avec le bébé. C'était une période joyeuse pour nous tous. Parfois, je me sentais comme une enfant qui avait un enfant. Malgré tout, à dix-neuf ans, j'étais satisfaite de ma vie.

Une amie me dit un jour qu'elle était enceinte mais qu'elle n'était pas prête à avoir un enfant. Elle ne voulait pas se faire avorter non plus, alors elle décida finalement de mettre son bébé en adoption. Elle me posa plein de questions quant à la douleur que j'avais ressentie lors de l'accouchement. Je lui répondis que tout s'était bien passé, que cela avait été facile. Malheureusement, l'accouchement fut très difficile pour elle. Elle m'appela par la suite, m'accusant de lui avoir menti, son accouchement ayant été si terrible et douloureux. Je me rappelle avoir ri un peu en entendant ces propos. Heureusement qu'il n'en n'avait pas été ainsi pour moi !

Robert et moi fûmes ensuite approchés par un homme que nous connaissions. Le gouvernement avait acheté sa ferme et il l'avait conséquemment louée. Il cherchait quelqu'un pour y vivre et veiller à ce que l'on ne lui vole pas ses équipements et ses biens pendant son absence. Il ne nous prendrait aucun loyer. C'était une excellente opportunité pour nous alors on y déménagea quand Mathieu avait neuf mois. La maison était grande, située près du bois, sur le rang Sainte-Marguerite, à Mirabel. Des champs entouraient la maison et la cour mesurait un kilomètre de longueur. J'adorais vivre à la ferme. De plus, je pouvais souvent aller à Saint-Antoine rendre visite à mes parents.

Mathieu et moi, en 1978 à Cavendish

Mon frère, Michel, fit baptiser ses enfants. Quant à moi, je ne faisais pas entièrement confiance au prêtre et ne voulais pas qu'il fasse quelque chose d'étrange avec mon enfant. Je pris donc la décision de ne pas faire baptiser Mathieu.

Peu de temps après, je tombai enceinte de mon deuxième enfant. Le 30 août 1979, j'avais dépassé la date prévue d'accouchement. C'était comme si mon bébé ne voulait pas sortir du ventre. Nous allâmes chez le médecin, qui nous dit que j'étais déjà dilatée à cinq centimètres et que nous devrions nous préparer pour l'arrivée du bébé. Alors, nous retournâmes à la maison et, nos valises en main, laissâmes Mathieu chez mes parents, à Saint-Antoine. Robert m'emmena à l'hôpital et le médecin tenta de déclencher les contractions afin de provoquer l'accouchement. Ce fut un long et douloureux processus. Mon deuxième accouchement fut très difficile et je me souvins alors de mon amie qui avait souffert en donnant naissance à son bébé. Maintenant, je sympathisais complètement avec elle.

J'accouchai de mon deuxième beau petit garçon. Il était parfait, lui aussi et avait valu chaque moment de douleur que j'avais enduré. Nous le nommâmes Jérémie. Je me sentais tellement ravie d'être à la maison et de m'occuper de mes deux fils, que j'en voulais d'autres. En 1980, je ne me sentais pas bien, alors je vis mon médecin qui m'annonça que j'avais des problèmes médicaux comme ceux que ma grand-mère avait eus, et que je ne pourrais plus avoir des enfants. Bouleversée, je devais subir une chirurgie très douloureuse qui me rendrait stérile. Cette triste nouvelle occupait toutes mes pensées, et je me mis à songer à la possibilité d'adopter des enfants.

Lorsque le bail officiel de la maison arriva à sa fin, le propriétaire ne voulut pas renouveler son bail avec le gouvernement car il avait acheté un terrain à Bellefeuille. À la place, il cherchait un fermier pour le nouveau bail car le terrain était maintenant classé comme terre agricole. N'étant pas des fermiers, nous étions dans l'obligation de déménager. L'idée de quitter cette maison me rendait très anxieuse. Je m'étais rendue chez mes parents pour leur annoncer la nouvelle et c'est à ce moment-là que je me souvins de la maison qui était juste en face de chez eux, une maison que j'avais tant aimé visiter quand j'étais jeune. Elle avait toujours eu une énergie très spéciale, une âme particulière. Petite, j'avais rêvé de vivre dans cette maison et aujourd'hui, j'y habite.

Toutes les maisons du coin avaient été achetées par le gouvernement il y a plusieurs années. Maintenant, elles étaient gérées par la Société immobilière du Canada (SIC). Les anciens propriétaires demeuraient dans leur maison avec une entente de location. J'approchai le jardinier de ma maison de rêve. Un homme très gentil, il s'occupait des animaux de la ferme ainsi que de tous les arbres rares qui avaient été plantés autour de la maison par le propriétaire original. Je lui parlai de notre situation et lui expliquai à quel point j'aimerais pouvoir habiter dans cette maison.

Peu de temps après, le jardinier m'appela. Il me raconta qu'il devait déménager à Sainte-Sophie car il n'avait plus le droit d'avoir des animaux de ferme à Saint-Jérôme. Je lui demandai de ne pas informer la SIC de son déménagement ; je voulais la maison. Il acquiesça. Le bail demeura donc à son nom. Robert, mes enfants, mon frère Pierre (qui vécut avec nous pendant un an) et moi-même déménageâmes sans plus tarder. Quelques mois plus tard, je me rendis à la SIC pour obtenir un nouveau bail, leur expliquant que j'occupais désormais la maison. Ils me répondirent que nous n'avions pas le droit d'être là et que nous devions partir. Il y avait une liste d'attente qui incluait, entre autres, des conseillers municipaux et des policiers, alors il était impossible pour moi de louer cette maison. Je leur répliquai que ce n'était pas de ma faute si le gouvernement avait délogé mes parents, on devait donc me relocaliser car je n'étais qu'une jeune victime. Je leur expliquai que j'avais trouvé la maison et n'avais aucune intention de quitter. Ils nous mirent beaucoup de pression pour déménager mais, grâce à l'implication de mon père en politique, il parvint à trouver un accord avec le sous-directeur et nous obtînmes un bail six mois plus tard, nous permettant de rester dans la maison.

Cette même année, en 1980, ressentant toujours le désir d'avoir d'autres enfants, je décidai d'ouvrir une garderie dans ma maison. De cette façon, je pourrais m'occuper de mes enfants et travailler en même temps, me permettant également de mettre un peu d'argent de côté.

Mathieu avait alors trois ans. Il avait une petite boîte dans sa chambre dans laquelle il gardait toutes les choses qui lui étaient chères. Un jour, je lui demandai pourquoi sa boîte était si petite. Il me répondit : « Parce que dans l'armée, tu ne peux pas avoir beaucoup de choses ». Venant d'un enfant si jeune, j'étais très contrariée par ce commentaire. Je lui dis que je ne l'avais pas mis au monde pour qu'il serve dans l'armée et soit tué. Il me répondit, d'un ton ferme : « Je suis désolé, maman, mais c'est ma vie et je compte entrer dans l'armée ».

En 1981, je m'impliquai auprès de la Maison des Jeunes, un organisme qui venait en aide aux adolescents en difficultés. Je passai beaucoup de temps avec une jeune adolescente et me rendis compte que je voulais en savoir plus sur les problématiques auxquelles ces jeunes faisaient face. Je décidai alors de m'inscrire à l'université en intervention psychosociale. Je fus acceptée à l'Université du Québec à Montréal (UQÀM) en 1982. Le jour, je m'occupais des enfants et le soir, j'étudiais. Heureusement, il y avait un campus de l'UQÀM à Saint-Jérôme, ce qui m'évitait de devoir aller jusqu'à Montréal pour poursuivre mes études.

Un an plus tard, mon grand-père paternel mourut. Il avait été gravement malade et ne pouvait plus manger, mais je ne me souviens pas de la cause exacte de son décès. J'étais contente qu'il n'ait pas eu à souffrir trop longtemps. Ce fut, encore une fois, un temps triste pour notre famille. La nuit de sa mort, mon grand-père me parla en rêve. Il me dit qu'il voulait que nous sauvions le parc de la Petite-Riviere-Saint-Antoine pour toutes les âmes en peine. Il m'expliqua qu'il y avait beaucoup d'âmes qui s'étaient perdues en chemin vers la lumière, et qu'elles avaient maintenant besoin d'un endroit pour réfléchir et accepter le fait qu'elles n'étaient plus parmi les vivants. Le parc était la dernière parcelle de nature sauvage à Saint-Jérôme et il était essentiel de le conserver comme un refuge. C'était à ce même moment que le gouvernement rendit disponibles toutes les terres qui avaient été saisies pour leur rachat par leurs propriétaires d'origine. Mes parents rachetèrent leur maison, mais les parcs demeurèrent la propriété du gouvernement. La ville de Saint-Antoine acheta le parc pour y développer une zone industrielle.

Je suis donc allée voir le conseil municipal avec une demande de protéger le parc. On me dit que des plans avaient été soumis pour construire le parc industriel et dériver la rivière, redirigeant l'eau vers un tuyau souterrain. Le zonage de cette région devrait alors être changé, ce qui obligerait la ville à passer par le processus de consultation publique. Les citoyens seraient ainsi invités à soumettre soit des objections ou leur appui ; je fis entendre mes objections. J'énumérai plusieurs arguments à l'encontre du développement. Principalement, j'argumentai que si l'on dérivait la rivière, la prochaine se trouvait dans une autre municipalité plus loin. Je leur montrai également des rapports de circulation, leur expliquant que la route actuelle à côté du parc comportait six voies de trafic. Cette route était tellement achalandée qu'il y avait déjà eu quelques accidents mortels. En démolissant le parc, mes enfants, ainsi que tous les autres enfants du coin, seraient obligés de traverser cette rue afin de pouvoir accéder à un autre parc qui était situé beaucoup plus loin. Évidemment, le conseil ne voudrait pas être tenu responsable de la mort d'enfants, alors on m'invita à exposer mes inquiétudes en personne lors de la prochaine réunion du conseil. Je me présentai à la réunion accompagnée de douze enfants, aux visages doux et innocents que les conseillers ne pouvaient s'empêcher d'admirer. Les élus m'écoutèrent ; je me sentais fière et contente d'avoir eu mon mot à dire.

Plusieurs années après la réunion du conseil, une modification de zonage convertit l'endroit en aire protégée. Ce fut une victoire pour nous. Aujourd'hui, c'est un merveilleux parc communautaire avec de magnifiques jardins et plusieurs sentiers pédestres. À travers tout cela, je sentis que l'esprit de mon grand-père m'avait accompagnée. Au fil des ans, le parc a été l'endroit où nous avons tenu plusieurs événements communautaires conjointement avec des Amérindiens. Des endroits sécuritaires pour y allumer des feux furent aménagés, permettant aux gens d'y aller pour socialiser. Des cérémonies amérindiennes sacrées pour allumer les feux furent organisées et, chaque fois, des aigles apparaissaient, volant au-dessus du feu jusqu'à ce qu'il soit éteint. C'était tout un spectacle à voir, et les aigles ne venaient que lorsque les Amérindiens étaient présents.

Je crois avoir hérité mon engagement social et mon sentiment de responsabilité communautaire de mon arrière-grand-mère. J'ai toujours voulu me battre pour des causes importantes et me dévouer à trouver des solutions. Après le décès de mon grand-père, je décidai de partir en voyage à Acapulco, au Mexique, avec mes fils et mes parents. Par une journée ensoleillée, pendant que les garçons jouaient dans le sable, mon père et moi étions allongés sur des chaises de plage. Il fit signe à un serveur et lui demanda une Corona. J'étais surprise car je n'avais jamais vu mon père boire une bière. Je dis au serveur : « Même chose pour moi ».

Quand j'étais petite, les règles avaient été simples. Entre autres, l'alcool était prohibé. Mon grand-père avait eu des problèmes liés à l'alcool alors, quand mon père se maria, les deux hommes firent une promesse de ne jamais toucher à de l'alcool. Ils maintinrent leur promesse jusqu'à ce que mon grand-père décède. La bière que mon père but au Mexique était en sa mémoire.

Nos bières arrivèrent et nous riions et jasions de tout et de rien. Nous restâmes au Mexique pendant un mois et pendant ce temps je vis mon père se transformer. D'un homme sérieux, avec un emploi, des responsabilités et une hypothèque, en vacances il était devenu un adolescent insouciant, me traitait comme une amie et faisait des blagues avec ses amis. Mes enfants apprécièrent beaucoup ce temps passé avec mes parents. Ce furent des vacances mémorables et spéciales. Par la suite, nous répétâmes cette expérience, partant en voyage tous ensemble à plusieurs occasions.

Chapitre XIII

Quand Jérémie commença l'école en 1984, je décidai d'ouvrir une garderie de jour dans son école, pour me permettre d'être plus proche de mes garçons pendant la journée et pouvoir me concentrer sur mes études universitaires les soirs. Les garderies étaient très rentables en ce temps-là et cela m'a permis de mettre une belle somme d'argent de côté. Mais au-delà de l'avantage financier, j'ai vraiment aimé pouvoir prendre soin de mes enfants.

En 1986, j'ai emmené ma famille à Vancouver en Colombie Britannique, pour l'exposition internationale sur les transports et la communication connue sous le nom d'Expo 86. Elle eut lieu du 2 mai au 13 octobre 1986 sur la rive nord de False Creek. Le gouvernement canadien avait investi 311 millions de dollars pour son organisation et ce fut un succès phénoménal en termes d'attraction touristique pour le Canada, quand bien même elle a engendré un déficit financier pour le pays. Ces expositions universelles sont tenues dans divers pays à intervalles de quelques années et sont consacrées à des thèmes pertinents pour le monde (l'Expo 2015 qui avait pour thème « Nourrir la planète, énergie pour la vie », se tiendra à Milan).

Bien que nous ayons été hébergés par mon amie Lyne, ce fut un voyage coûteux à cause des frais de transport et des billets d'entrée à l'exposition. Les tickets étaient de 30 $ par jour; ce qui faisait un montant de 120 $ par jour pour notre famille de quatre personnes. Il y avait tant à voir et à faire vu que la plupart des pays du monde étaient représentés, sans compter la présence de nombreuses organisations internationales. J'étais si inspirée que je voulais y passer plus de temps pour découvrir davantage de choses, mais cela revenait trop cher.

Le troisième jour, alors que nous faisions la file pour entrer dans un pavillon, une conversation s'engagea avec un homme d'un certain âge qui faisait partie d'un groupe de 70 personnes venues du Québec. Il nous dit qu'ils avaient tous pris des billets pour trois jours, mais que plusieurs de ces personnes âgées ne pouvaient plus tenir le coup face aux distances à parcourir et à la taille de l'exposition. Il m'informa qu'il repartait le lendemain à six heures du matin et qu'il s'arrangerait pour me trouver des billets non utilisés. Nous avions donc convenu de nous voir le lendemain matin et quand je le rencontrai à 5h30, il me remit 90 billets valables pour le reste de l'exposition. Je n'en revenais pas.

Nous donnâmes des billets aux familles de Lyne et de sa sœur et avec le reste, nous entrâmes et sortîmes de l'exposition autant de fois qu'il fallait pour nous permettre de voir tout ce que nous voulions voir.

À un moment donné, je remarquai le pavillon des Nations Unies et, une fois à l'intérieur, je repérai le kiosque du Haut Commissariat des Nations Unies pour les réfugiés (HCR). Je faisais des études en intervention psychosociale et c'était la première fois que je pouvais vraiment relier mes études aux questions touchant les réfugiés. J'étais si enthousiaste d'être là et après de longues discussions avec les représentants présents, je commençais à avoir une vision claire de ce que je voulais faire dans la vie. Je voulais travailler pour les Nations Unies et porter assistance aux réfugiés.

J'étais si heureuse d'avoir participé à cette exposition et d'avoir découvert ce que je voulais faire à l'avenir! En fait, cette expérience a radicalement changé ma vie. N'eût été la générosité de ce vieil homme, je n'aurais pas été en mesure de passer autant de temps dans le pavillon des Nations Unies et de déterminer mes principaux points d'intérêt. J'y ai d'ailleurs acheté un poster géant que j'ai ensuite fait laminer. Malheureusement, il fut volé de mon bureau il y a quelques années et il ne me reste qu'une image tirée du web pour me rappeler ces merveilleux moments.

Je postulai auprès des Nations Unies sans plus attendre et ils me répondirent en me suggérant qu'au lieu de travailler directement pour l'ONU, je pourrais créer une organisation venant en aide aux réfugiés dans ma région. Cela aiderait les Nations Unies dans sa mission de relocalisation des réfugiés. Je devrais m'assurer dans ce cas, que l'emplacement respecte les règlements en vigueur et dispose de services sociaux pour pouvoir faire face à l'arrivée des réfugiés dans la région. J'ai été très motivée par cette perspective.

En attendant, j'avais décidé de poser ma candidature auprès du Centre d'intégration en emploi Laurentides (connu sous l'ancienne dénomination CREL). Cet organisme formait des personnes voulant faire un retour sur le marché de l'emploi. C'était une coopérative de travailleurs dont l'excellente équipe était constituée de professionnels autonomes et indépendants, tous des individus très respectés dans la communauté locale. Ils travaillaient avec une cohésion admirable et parvenaient à trouver ensemble des solutions adéquates en surmontant toutes sortes d'obstacles. J'étais fière de faire partie de cette équipe, parce que c'était un environnement de travail très stimulant. J'ai travaillé au CREL de 1988 à 1991.

Au cours de la même période, entre 1987 et 1990, La *Société Nationale des Québécois* menait une étude sur le développement démographique des Laurentides, à travers des consultations de groupe. Je faisais également partie de cette organisation et nous avions relevé diverses tendances qui apparaissaient telles qu'une baisse des naissances et un vieillissement de notre population. Nous avions alors eu plusieurs discussions sur les tendances de l'immigration dans le pays, donnant lieu en 1987-1988, à la rédaction de plusieurs rapports que j'eus à présenter au cours de diverses conférences. Étant donné que c'était des sessions filmées, je parvenais ainsi à partager ma vision des choses avec un large public. J'expliquais entre autres, le fait que des immigrants venaient découvrir la région des Laurentides, mais étaient incapables de s'y établir, faute de structures pouvant faciliter leur accès aux services et les aider à s'intégrer à notre société.

Au même moment, le gouvernement fédéral avait signé un traité décrétant le Québec comme province responsable en matière d'immigration. Le gouvernement fédéral voulait établir un partenariat entre ses diverses provinces dans le cadre de l'exécution des nouvelles politiques régionales en termes d'immigration. Ceci donna lieu à des discussions sur la régionalisation de l'immigration et c'est au cours de ces débats que l'idée m'est venue d'ouvrir un centre pour immigrants dont l'objectif serait de retenir les personnes immigrant dans notre région. Je savais aussi qu'à travers ce centre, je pourrais commencer à travailler avec l'ONU et organiser l'accueil et l'intégration des réfugiés dans notre société. C'est ainsi que le COFFRET fut créé et que j'en devins directrice. Je me rappelle une visite à une amie en Gaspésie, au cours de l'année 1988. Nous étions assis au bord de la mer, en compagnie d'un groupe de personnes dont un bon nombre étaient fraîchement divorcées et avaient constitué de nouveaux couples; ce qui semblait devenir une tendance à l'époque. C'est triste à raconter parce que ces liaisons duraient rarement et il ne s'écoulait pas beaucoup de temps avant que beaucoup regrettent la stabilité qu'ils avaient dans leurs relations précédentes. Je croyais que Robert et moi avions une relation saine et heureuse. Pourtant, nous avons divorcé autour de cette même période; ce qui m'a plongée dans l'incrédulité et le désarroi.

Nos enfants avaient sept et neuf ans en ce moment et ce fut tout autant pénible pour eux. Quant à mes parents, ils étaient profondément abattus parce que mon frère Pierre divorçait aussi dans la même période.

Grâce à mon père, j'étais et demeure une personne de nature très optimiste; raison pour laquelle je m'étais rarement mise en colère contre quelqu'un ou trouvée à crier sur quiconque en cette période. L'épreuve fut dure, pour les enfants autant que pour moi. J'avais du mal à admettre ce qu'il était advenu de nous, mais il me fallait être forte et aller de l'avant.

J'éprouvais aussi le besoin d'avoir plus d'enfants. Je me tournai vers l'adoption, avec plusieurs essais infructueux au fil des années. Comme mon père m'avait offert son aide, nous avions discuté ensemble de la possibilité de tenter ma chance au Mexique. Nous nous y sommes donc rendus dans un centre spécialisé, mais après que j'aie rempli toutes les formalités, l'administration publique m'informa que deux parents étaient exigés pour une adoption.

Mon père et moi à Acapulco, au Mexique, en 1988

Je décidai alors de tenter ma chance en Afrique. Une fois de plus, je remplis la demande et y joignis une photo. Mais alors que le départ approchait, j'étais encore très faible physiquement et me remettais à domicile d'une intervention chirurgicale. Sans compter que mon passeport n'était toujours pas renouvelé. Mon père a donc fait le déplacement sur Montréal à ma place, mais mon dossier fut rejeté parce que je portais un bandeau sur la photo. Il revint, me prit une nouvelle photo, mais ma demande fut à nouveau rejetée. Je dois dire que mon père m'apportait un appui constant et qu'il m'a tant aidée.

Nous essayâmes ensuite au Chili, mais cela ne réussit pas non plus. Je suppose que c'était un message du Ciel m'exhortant à aller de l'avant autrement.

Toujours dans cette même période, je me suis dit que ce serait bien de faire un voyage sur l'Europe avec les enfants. Il se trouvait que leur école avait planifié la participation d'une trentaine d'écoliers âgés de sept à dix ans, à un programme d'échange en France et je m'étais dit que c'était une excellente opportunité de voyage pour les enfants et avais donc décidé de me joindre à eux. Cela me permit effectivement de m'évader un peu et d'oublier le divorce. À bord de l'avion, j'étais la seule adulte en compagnie de la ribambelle d'enfants et même si je n'avais pas la responsabilité de tous, j'ai aimé me retrouver parmi eux, puisque nous nous étions tous bien amusés. À l'atterrissage, mes enfants prirent le départ sur Paris et je décidai de rendre visite à un ami qui travaillait au *Château des Coudreaux*, à Châteaudun, dans la vallée de la Loire. La propriétaire me demanda d'y loger et de travailler pour elle durant mon court séjour.

Au bout de mes dix jours de vacances, elle me demanda de rester pour de bon et j'y réfléchis sérieusement étant donné que cela m'aurait rapproché du bureau des Nations Unies à Paris. Mais, après avoir songé à l'impact potentiel de cette décision sur mes enfants, je décidai de retourner au Québec pour poursuivre mes objectifs personnels jusqu'à ce que mes enfants soient un peu plus grands.

Je fis donc mes adieux et retournai sur Paris. Quel bonheur d'avoir exploré cette belle ville! J'y avais rejoint le groupe des enfants pour les deux derniers jours du séjour. Il y eut une visite au *Musée du Louvre* et les enfants prirent des vues à côté des monuments grandioses auxquels certains essayaient de se suspendre. Bien qu'ils se soient énormément amusés, je trouvais qu'ils étaient trop jeunes pour vraiment apprécier l'expérience dans sa plénitude. Effectivement, à notre retour, mes enfants passaient plus de temps à parler de la maison dans laquelle ils avaient séjourné et qui ne leur avait pas plu, plutôt que de l'expérience en elle-même et de la merveilleuse opportunité que représente la découverte d'un autre pays et d'une autre culture. Mais le voyage était une réussite dans son ensemble et nous nous étions tous bien amusés.

À notre retour, il y avait une crise à Oka, dans la région de Saint-Eustache et je lus dans les journaux qu'un Amérindien avait tué un policier. Il me semblait que les choses allaient bien plus loin que ce que la presse rapportait et plus j'y pensais, plus je me rendais compte que je connaissais peu de choses sur mes ancêtres indigènes. Si l'on fait référence à eux en termes de Premières Nations, c'est parce qu'ils peuplaient ces terres bien avant l'arrivée des Européens. Je priai le ciel à ce moment de m'aider à cerner leurs réalités parce que je me doutais qu'il y avait des problèmes au sein de leur communauté.

De 1989 à 1990, j'ai terminé un certificat en immigration et relations interculturelles à l'Université de Montréal. Le premier jour de classe, la salle était si pleine que de nombreux étudiants n'avaient pas pu trouver une place assise. Le chargé de programme est ensuite venu nous expliquer qu'il y avait eu une erreur et que trop d'étudiants avaient été admis dans cette matière. Il fut alors demandé à chacun d'expliquer sa motivation par rapport à ce domaine et la réponse fournie devait déterminer la sélection de ceux qui restaient dans le cours. Pour ma part, j'expliquai qu'en ma qualité de directrice du COFFRET, je travaillais directement avec des immigrants et que ce cours me permettrait d'être plus efficace dans mon travail. Debout derrière moi, se trouvait un homme qui affirma qu'il était un natif des Premières Nations et devait prendre ce cours parce que son peuple traversait une crise avec la communauté blanche. Pour moi, c'était un signe du ciel; il fallait que je discute avec cet homme.

Nous fûmes tous deux admis dans le cours ce semestre-là et bien qu'il y ait beaucoup de travaux de groupe, personne, en dehors de moi, ne voulait faire équipe avec cet homme. En ce qui me concerne, j'avais la volonté d'apprendre et il était mon premier contact avec le peuple des premières nations. Il provenait du clan des guerriers Iroquois. Il existe de nombreuses tribus au sein des Premières Nations et j'ai dû le voir à plusieurs reprises au cours de ces deux années pour comprendre leur histoire et le contexte dans lequel ils évoluaient. Cet homme était un vrai guerrier, constamment en guerre contre lui-même sur quelque sujet. En fin de compte, il a fallu que je m'éloigne de lui parce que je ne pouvais plus composer avec le conflit permanent qui l'habitait.

Il y eut une occasion où il me parla de la guerre froide entre les États-Unis et l'Union Soviétique, de la signature d'un traité de désarmement et de la promesse faite au Comité du Conseil de Sécurité de faire cesser cette guerre. Il me dit aussi que la Russie avait vendu énormément d'armes aux pays africains et qu'aux États-Unis, bon nombre de gens arrivaient à commercialiser ces armes. Il se trouvait que son clan avait acquis une partie de ces armes et je n'en pouvais plus d'entendre ces histoires au sujet de personnes détenant des armes. Il devint évident pour moi que je devais fréquenter des mères amérindiennes de tribus diverses pour en apprendre davantage sur mes origines, plutôt qu'écouter ces histoires de guerre.

J'ai toujours aimé être au contact de la verdure et de la nature. Même en plein cœur de l'hiver, il m'arrive d'enfiler mes bottes et d'aller marcher dans les bois. Je me suis toujours sentie liée à cette terre, en particulier à cette région, et je ressentais le besoin d'y être plus profondément attachée. Il m'était souvent arrivé de me voir en rêve, vieille et déambulant dans la forêt, puis m'endormant dans une yourte (tente servant d'habitation aux nomades turcs et mongols d'Asie centrale), près d'un lac.

Dans ce même cours, j'ai rencontré un juif messianique. Il était originaire de la Moldavie et représentait la première personne de cette nationalité et de cette religion que je rencontrais. J'étais curieuse d'en apprendre davantage sur sa religion. Je croyais que si je m'informais mieux sur les différentes religions existantes, cela m'aiderait dans mon désir de les rassembler et de les convaincre d'avancer comme une entité unie. J'avais donc demandé à cet homme de me parler de sa religion et de son pays.

Il me parla du sort des enfants Moldaves. Il me raconta que quand les parents n'avaient pas de quoi subvenir aux besoins de leurs enfants, ils les abandonnaient dans des orphelinats. Étant donné qu'il n'y avait pas d'employés dans ces orphelinats, bon nombre de ces enfants y mourraient de faim. Il me dit qu'il aurait été bien de parvenir à faire adopter des enfants avant qu'ils ne meurent. Ayant tenté pendant des années d'adopter des enfants, je voyais là, un présage. Je trouvai un avocat à Montréal et enrôlai d'autres personnes intéressées à planifier l'adoption d'enfants Moldaves, parce qu'il fallait mettre sur pied une organisation accréditée par le gouvernement pour assurer la réussite d'une telle entreprise.

Éventuellement, il y eût une première réunion et le juif messianique s'y fit accompagner par un de ses amis Moldave. Ils se présentèrent au groupe et ensemble, nous adoptâmes une stratégie pour l'accréditation gouvernementale et décidâmes des critères de sélection de parents adoptifs potentiels. Il y avait une énorme quantité de paperasse à remplir, mais j'étais certaine d'y parvenir. Après un moment d'écoute, l'un des hommes Moldaves se leva et dit : « vous n'avez pas à remplir cette paperasse. Nous pouvons juste embarquer des enfants sur un bateau, les faire venir à Montréal par le fleuve Saint-Laurent et vous les livrer pour 25 000 dollars chacun ».
L'idée qu'ils voulaient vendre les enfants me donna des frissons dans le dos. Quel genre de personnes étaient donc ces individus? Ils poursuivirent en disant qu'ils nous feraient parvenir des bateaux chargés d'enfants tous les mois. Leur vision des choses était que l'argent issu de ce trafic servirait à aider leur pays. Ils en parlaient comme on le ferait d'un commerce de fruits et légumes ou de toute autre marchandise. C'était une idée monstrueuse et j'avais honte d'avoir introduit ces deux hommes aux personnes présentes. Je mis immédiatement un terme au projet.

Il existe en ce monde, de nombreux pays où les orphelins connaissent des départs traumatisants dans la vie. Il se trouve que j'ai aidé de nombreuses familles à adopter des enfants de diverses régions de la Russie. En général, ces enfants se portent très bien la première année de leur adoption au cours de laquelle l'adaptation à leur nouvel environnement les occupe. Cette étape passée, les expériences douloureuses et traumatisantes vécues reviennent les hanter et les transforment en des enfants différents. Ils commencent alors à avoir des comportements dangereux; ce qui nous a conduits à mettre en place un système d'aide psychiatrique pour les enfants adoptés de la Russie. À un moment donné pourtant, il devint pratiquement impossible pour ces enfants d'avoir une intégration réussie au Canada et irréaliste pour le Canada d'en accueillir davantage. La situation devenait en fait intolérable aussi bien pour les enfants et leurs familles adoptives, que pour les hôpitaux qui devaient les soigner.

Les enfants provenant de pays comme le Cambodge et la Thaïlande vivent des traumatismes similaires à ceux des enfants Russes. Pourtant, ils semblent mieux s'adapter et ne pas présenter de troubles psychiatriques apparents. Alors, je me suis souvent demandé si la capacité d'intégration avait à voir avec la génétique ou la résilience.

Vers la fin des années 80, ma grand-mère Jeanne vivait dans une maison de retraite et ma sœur Marie-Josée donna naissance à son fils Pierre-Olivier au début des années 90. Je rendais donc fréquemment visite à toutes les deux.

À la fin de l'hiver 1992, j'organisai une journée de méditation dans le centre sportif local. Il nous était en effet permis d'utiliser l'espace et les bureaux construits au-dessus du centre pour organiser des événements communautaires. C'était la première fois que j'organisais un tel événement et j'avais mes deux fils pour m'assister. Un camion nous permit de transporter tout le nécessaire pour l'événement.

Ce fut ce même jour que ma sœur m'appela pour me dire qu'elle avait besoin d'aide pour déménager, parce qu'elle était sur le point se séparer. Nous décidâmes en ce moment de vivre ensemble comme nous nous l'étions une fois promis, inspirées par l'exemple de notre grand-mère Jeanne et de sa sœur Imelda. Mon neveu avait tout juste six mois et mes garçons avaient respectivement onze et neuf ans.

Après avoir trouvé un grand camion, mon frère Alain nous aida à ramener les affaires de ma sœur dans ma maison. Sans annonce, une grosse tempête de neige s'était déclenchée et nous fûmes assez heureux d'obtenir suffisamment d'aide pour terminer l'emménagement, malgré la météo peu favorable.

Vivre ensemble fut une véritable bénédiction pour nous tous. Ma sœur et moi partagions les factures et nous veillions sur les enfants de l'une et de l'autre. Nous avions appris à compter l'une sur l'autre et à remplir nos devoirs parentaux comme une équipe, tout en maintenant nos vies de femmes indépendantes. Je poursuivais mes études universitaires les soirs pendant que Marie-Josée gardait les enfants. En retour, je veillais sur son fils les matins quand elle quittait tôt la maison pour aller travailler à Hydro-Québec. Ma sœur est l'une des toutes premières femmes à travailler en plein air dans ce qui était considéré comme un métier réservé aux hommes. Mes deux garçons étaient impressionnés et inspirés par ce qu'elle faisait.

En me rendant à mon travail au CREL, je déposais mon neveu dans une garderie. En face du centre où je travaillais, se trouvait une maison blanche abandonnée. La bâtisse appartenait à une banque locale, la Caisse Populaire de Saint-Jérôme, qui avait prévu la démolir pour construire une aire de stationnement sur le terrain. Plusieurs citoyens locaux et moi encerclâmes la maison de chaînes, puis nous y attachâmes pour protester contre la destruction de ce patrimoine historique. C'est ainsi que la bâtisse fut sauvée de la démolition. Par la suite, ne parvenant pas à y trouver de locataires, la banque s'en servit comme entrepôt pour ses vieux meubles. Nous l'appelions *La maison blanche*.

Je voyais ma grand-mère perdre ses forces de jour en jour. Elle n'arrêtait plus de dire qu'elle en avait assez d'être sur terre. Bien que mon lieu de travail soit assez éloigné, je m'arrangeais pour lui rendre visite toutes les nuits et elle me disait souvent qu'elle ne voulait pas mourir sans que la mémoire de sa mère, Clara Bourgeois, ne soit célébrée.

C'est à cette époque que de nombreuses entreprises québécoises fermèrent leurs portes. La fédération des travailleurs du Québec avait décidé qu'elle ne collaborerait qu'avec des entreprises syndiquées. Mon directeur décida donc de créer un syndicat chez nous. Je refusai de faire partie de cette union, quand bien même mes collègues y adhérèrent parce que nous formions une coopérative de travailleurs. Je trouvais simplement, qu'être forcée à joindre un syndicat contrevenait à mes droits démocratiques. Je me souviens que ce changement m'avait stressée au point que j'avais du sang dans mes selles.

Je décidai que je ne pouvais plus continuer à fonctionner dans un tel environnement. J'étais dans ma trente-deuxième année et je décidai de prendre une retraite anticipée du travail salarié et de me consacrer au démarrage des organisations que je voulais fonder. J'avais épargné de l'argent grâce à mon travail et à mes garderies et ce revenu devait me suffire pour un certain temps. Je consacrai mon temps à la réalisation de plusieurs projets, dont l'un était l'inauguration de la fondation Clara Bourgeois, en mémoire de mon arrière-grand-mère. J'avais également en tête d'organiser des rencontres dans le but de rassembler divers groupes religieux et enfin, de poursuivre le développement du COFFRET. J'ai dû vivre sur mon épargne-retraite pendant trois ans pour pouvoir monter mes organisations.

En 1991, je déposai une demande d'aide financière auprès du gouvernement québécois pour le développement du COFFRET. Ma proposition fut acceptée et je commençai à percevoir une aide gouvernementale pour le centre, ce qui incluait mon salaire. Le processus était en marche et j'en étais ravie. Durant les quatre années qui ont suivi, nous avons travaillé d'arrache-pied pour assurer que les centres d'immigration répandus à travers le Québec, y compris le COFFRET dans la région des Laurentides, avaient l'approbation et le soutien nécessaire pour accueillir des immigrants et des réfugiés. Nous avions instauré une Table Régionale de l'immigration où les parties concernées se réunissaient pour adopter les services pouvant répondre aux besoins des réfugiés qui devaient être admis dans le pays. La plupart de ces personnes étaient peu familières avec la situation des réfugiés et nous devions les exhorter à leur réserver un bon accueil. La première rencontre officielle eut lieu en 1992 et inclut de multiples partenaires concernés par la question de l'immigration, en vue d'apprêter le COFFRET.

Je m'étais rapprochée de deux dames dans le temps, pour m'aider dans la mise sur pied de la fondation Clara Bourgeois. L'idée de cette fondation m'était venue à l'université. J'avais fréquenté quelque temps le centre local de services communautaires (CLSC) et constaté qu'il n'existait pas d'organisation pour venir en aide aux familles, aux enfants et aux femmes dans le besoin. Je m'étais dit qu'en créant cette fondation, je pouvais m'associer aux CLSC et disposer d'un endroit où les membres de la communauté pourraient se rendre pour trouver assistance en cas de besoin. J'en discutai avec d'autres étudiants et tous approuvèrent l'idée de la nommer d'après mon arrière-grand-mère.

Nous nous rapprochâmes de la banque en ayant pour but d'utiliser *La maison blanche* pour le siège de la fondation. Mais les banquiers refusèrent au prétexte qu'ils préféraient voir le bâtiment occupé par un organisme prestigieux ou un service juridique comme un notariat ou un cabinet d'avocat. Malgré nos multiples offres appuyées de plans et devis réalisés par des architectes, des ingénieurs, des plombiers et des électriciens pour décrire ce que nous comptions faire du bâtiment, ils continuaient à trouver des raisons de décliner notre proposition. Nous étions trois femmes, mais ils n'arrêtaient pas de nous traiter de petites filles. Nous nous étions senties insultées.
Chaque fois qu'un fournisseur de service devait voir la maison, je devais aller chercher le concierge dans l'administration bancaire. Et chaque fois, il fallait qu'il s'habille en conséquence pour nous suivre et attendre pour refermer la porte. Comme nos dérangements incessants l'irritaient, je proposai qu'il nous donne les clés pour que nous n'ayons plus à le déranger fréquemment. Il accepta et me remit les clés.

Les précieuses clés en notre possession, nous nous étions littéralement jetés sur la maison pour entamer des travaux de rénovation. Nous avions commencé par réparer la chaudière (pour mettre le chauffage en marche) et brancher les lignes téléphoniques entre autres.

Les administrateurs de la banque étaient furieux lorsqu'ils se rendirent compte que nous nous étions arrangées pour prendre possession des lieux. Ils vinrent chaque jour nous demander de vider les lieux. Et je leur répétais à chaque fois que c'était un vieux bâtiment abandonné qui devrait être utilisé pour le service communautaire. Je leur renouvelais également mon offre de location, qu'ils n'acceptaient jamais.

Un an plus tard, les travaux se poursuivaient à *La maison blanche*, mais nous n'avions toujours pas de bail. Nous avions déposé une autre proposition au conseil d'administration de la banque lorsqu'une tempête de neige empêcha certains administrateurs (en particulier ceux qui devaient parcourir de longs trajets), de se rendre à la réunion. Ainsi seuls les membres du conseil demeurant dans la localité ont été présents. Ils acceptèrent notre proposition, parce qu'ils étaient désireux de voir *la maison blanche* servir pour une bonne cause.

Le jour suivant, on nous avisa que notre offre était acceptée. Mais les administrateurs absents la veille étant furieux, ils firent recours aux services d'un avocat pour établir un contrat de location, pensant que nous ne voudrions pas le signer. Je leur répondis que je signerais n'importe quel bail, et que je ne perdrais même pas de temps à lire ledit contrat; nous étions parties pour demeurer dans cette bâtisse.

En 1992, un article parut dans la presse locale, par rapport à la Fondation Clara- Bourgeois et à la maison blanche. Le titre de l'article était : *"La Fondation Clara-Bourgeois pose les pieds dans la maison blanche"*. Sans hésiter, j'allai montrer l'article à ma grand-mère Jeanne dans sa maison de retraite.

Quelques jours plus tard, je retournai lui rendre une visite de routine. Dès mon entrée dans sa chambre, je remarquai que ses meubles et effets n'y étaient plus et en conclus qu'on l'avait transférée dans une autre chambre. Mais les infirmières m'informèrent qu'elle était décédée plus tôt ce jour-même. Vu l'inexistence des téléphones portables à l'époque, elles avaient dû attendre mon arrivée pour m'en informer. J'ai pleuré cette perte sans retenue pendant très longtemps. En elle, j'avais perdu la grand-mère, la sœur et l'amie.

Ma grand-mère avait planifié ses propres funérailles et pris elle-même en charge toutes les dépenses y afférant, bien avant sa mort. Ainsi, tout ce que les gens avaient à faire, c'était de se rendre au service funèbre. Toute la famille était profondément attristée par son décès. Je pense souvent à elle et à la façon dont elle a patiemment vécu dans l'attente que la mémoire de sa mère soit célébrée dans notre communauté.

Cette période de ma vie a été particulièrement turbulente : il y a eu mon divorce, l'emménagement de ma sœur chez moi, mes études, mes engagements organisationnels et le décès de ma grand-mère.

Les événements se succédaient dans ma vie, mais j'ai su m'en sortir, principalement parce que ma sœur et moi vivions ensemble et que nous partagions la responsabilité des enfants.

En 1995, ma sœur décida de s'acheter une maison et déménagea, après presque cinq années de cohabitation. Mon neveu n'était pas enthousiasmé par ce déménagement parce qu'il aimait l'unité familiale dans laquelle nous vivions.

Mon fils aîné, Mathieu, était dans sa seizième année et demanda ma permission pour s'engager dans l'armée. Je refusai de lui donner mon approbation. Je ne voulais pas le voir s'en aller et risquer de se faire tuer dans une guerre. Il se rapprocha de moi à nouveau quand il eut dix-huit ans et une fois de plus, je refusai de remplir quelque formulaire de demande que ce soit.

Mes parents allaient souvent au Mexique. La santé de mon père se dégradait et il finit par se retrouver en fauteuil roulant avec une bouteille d'oxygène. En réalité, le froid canadien ne convenait plus à son état de santé parce que, dès qu'il mettait pied au Mexique, il parvenait à se déplacer sans son fauteuil et sans bouteille d'oxygène.

En 1995, je reçus du Rwanda, une cassette vidéo montrant les images des événements qui se produisaient à travers l'Afrique. Je la visionnai et fus aussi horrifiée qu'attristée de voir plusieurs zones de conflits où des populations entières étaient massacrées à base de machettes. Mon cœur fut saisi de crampes à la pensée de la situation terrible dans laquelle vivaient ces peuples Africains. Je me suis sentie démunie et impuissante du fait de ne pouvoir y aller et apporter mon aide.

L'agressivité et la cruauté insondables qui s'observent dans les zones de conflits autour du globe, peuvent atteindre des proportions qui m'amènent à croire que c'est seulement à travers la méditation et la prière que nous pouvons inciter un certain degré de conscience dans l'esprit d'êtres aussi insensibles.

Dans le cadre de mon travail de mise sur pied du COFFRET, je proposai la création d'un comité religieux pour permettre le rassemblement de représentants de divers groupes religieux. Nous avions conçu ce comité sous la forme d'un forum philosophique dans lequel nous échangions des idées et essayions de développer des valeurs communes pour promouvoir l'harmonie entre les différentes communautés ethniques et culturelles de notre région.

Je me rendis au temple bouddhiste de Verdun, à Montréal, pour demander à l'un des moines de participer aux réunions de notre comité. Je me rapprochai ensuite de la plus importante communauté juive orthodoxe de Boisbriand. Comme ses membres refusèrent à plusieurs reprises de se joindre à notre comité, je tentai une autre approche. J'avais rencontré entre-temps, un monsieur qui travaillait au sein du Centre Consultatif des relations Juives et Israéliennes du Québec, qui accepta de me donner les coordonnées du Grand Rabbin. J'appelai le Grand Rabbin et lui dis : « il est crucial que les miens et moi vous connaissions et qu'en retour, vous introduisiez les vôtres à nous pour que, d'ici une cinquante d'années, les deux camps ne se retrouvent pas à s'entretuer dans une guerre. Vous n'êtes pas venu au Québec pour créer un conflit, alors il est de notre devoir commun d'apprendre à mieux nous connaître et de promouvoir une cohabitation pacifique ».

Ma stratégie fonctionna. Il accepta d'envoyer un rabbin qui enseignait à Joliette. Ce rabbin assista à nos réunions et partagea avec nous de bons moments de rire. Il alla même jusqu'à organiser une visite au centre communautaire juif de Boisbriand, où un accueil chaleureux nous fut réservé.

Cette visite fut suivie de celles du Temple bouddhiste de Montréal, de l'Ashram hindou de Val-Morin et du monastère grec orthodoxe de Brownsburg, dont les religieuses ont été extraordinaires. Elles étaient environ une vingtaine, toutes très jeunes, dans la vingtaine d'âge.

Après la visite au monastère, j'étais chez moi une nuit quand, vers 23h, on frappa à ma porte. Deux des bonnes sœurs avaient amené de jeunes consœurs venues de la Grèce et qui avaient des problèmes de visa et de passeport. Elles voulaient que je les aide à remplir les formalités y afférant. C'est grâce à ces religieuses que je suis devenue très proche de la communauté orthodoxe grecque de Brownsburg, lui rendant visite en de nombreuses occasions.

J'ai également essayé de faire rejoindre notre comité par un imam, qui nous a aidés à développer une attitude objective et positive envers l'Islam. N'étant ni fondamentaliste, ni militant, encore moins considéré comme un terroriste, il apportait une contribution très intéressante à notre groupe et a permis de changer la perception que nous avions des musulmans qui ont immigré dans notre région. En réalité, bon nombre des musulmans établis au Québec se sont très bien intégrés à notre société.

Je m'étais rapprochée de divers leaders et en fin de compte, nous comptions dans nos rangs, des juifs orthodoxes, un moine, un imam, des prêtres catholiques et des pasteurs protestants membres des congrégations locales et bien d'autres encore.

Les réunions que nous tenions étaient très enrichissantes. En outre, cela me permettait d'organiser d'autres types de rassemblements communautaires avec divers leaders. Il me vint l'idée de faire un exposé dans mon ancienne école secondaire, l'*École Polyvalente Saint-Jérôme*. Mon but était de présenter des moines bouddhistes aux élèves de la cinquième année, pour leur faire découvrir la philosophie bouddhiste.

C'est ainsi qu'un moine d'âge mûr du nom de Kenji, accompagné de deux autres plus jeunes, vint faire une présentation à l'auditorium de l'école. Kenji ne parlait pas français et lorsqu'il se trouva devant le groupe d'élèves, il se contenta de s'asseoir silencieusement. Les enfants se turent instantanément. Il leur parla du Dalaï Lama et leur raconta tout ce que Sa Sainteté avait accompli par sa compassion pour les autres, son amour et son sens de la diplomatie. Les élèves l'écoutèrent d'une oreille attentive et ses anecdotes, belles et inspirantes, amenèrent les larmes aux yeux de plus d'un. Ils étaient captivés et posèrent beaucoup de questions. Les enseignants n'en revenaient pas de voir leurs élèves aussi attentifs à un locuteur; c'était un fait rare. En ce qui me concerne, Kenji représentait un homme dont l'aura et le charisme impressionnants captivaient les gens et les incitaient à prêter attention à son message.

L'année 1995 est celle où je rejoignis le Conseil régional de développement des Laurentides et dès 1996, je devins membre de son comité exécutif. Cela me permit de bâtir de solides relations avec nos partenaires à l'immigration, parce que nous nous réunissions fréquemment avec eux pour prendre des décisions sur divers sujets.

Il y eut un jour où le moine Kenji me rendit visite au bureau. Il devait modifier le zonage d'un domaine dans la région laurentienne et sollicitait mon aide en ce sens. Il m'expliqua qu'une dame originaire des États-Unis avait eu une vision au cours de laquelle il lui fut révélé qu'elle devait aller chercher un arbre à sept branches dans les profondeurs des forêts nord américaines. Ensuite, elle devait bâtir un temple à l'emplacement de cet arbre. La dame avait découvert l'arbre aux sept branches dans la région des Laurentides, mais il se trouvait dans un secteur agricole. Le conseil de ville s'opposa à l'idée d'un temple dans leur localité, par crainte que cela n'engendre un afflux d'immigrants asiatiques dans le secteur. Ils avaient également peur que des gens n'envahissent leurs fermes par bus entiers.

En venant me voir, Kenji voulait que je parle du problème aux maires de la municipalité. Bien que je les connaisse tous du fait qu'ils étaient membres du conseil régional au même titre que moi, je ne pensais pas pouvoir influencer leur opinion en aucune manière. Mais je voulais bien leur faire part de la situation, tout au moins. Je leur adressai une lettre dans laquelle j'expliquai qu'un temple bouddhiste entrait dans la catégorie des facteurs d'enrichissement d'une communauté culturelle et que son aménagement contribuerait au développement de la région. Je leur dis qu'il s'agissait d'un lieu de culte où les gens iraient méditer et que par conséquent, il n'y aurait pas de hordes de gens envahissants. Le projet fut approuvé et en guise de remerciement, Kenji m'offrit un Mandala.

Le Dalaï Lama fit une brève visite au moine Kenji au temple de Montréal avant de poursuivre sur Los Angeles. Kenji était un vieux moine qui pensait qu'au cas où il viendrait à mourir, il ne pourrait espérer une personnalité plus spéciale que le Dalaï Lama pour diriger son service funèbre. Il téléphona donc à Sa Sainteté et lui demanda de repasser par le temple de Montréal, en allant au Népal. Le Dalaï Lama accepta et retourna sur Montréal. À son arrivée au temple, les autres moines l'informèrent que Kenji était entrain de méditer et ils attendirent plusieurs heures avant de se résoudre à aller le chercher.

En entrant dans la pièce où il méditait, ils constatèrent qu'il avait induit la mort par sa méditation. Ses funérailles furent donc dirigées par le Dalaï Lama dans la tradition tibétaine.

La capacité de Kenji à contrôler sa propre vie, m'évoque le concept de l'euthanasie. Cet incident m'avait profondément affectée, en ce sens qu'il m'a fait comprendre que dans cette vie, nous pouvons réaliser de grandes choses par la seule force de nos croyances et que, tant que nous avons une idée claire de ce que nous voulons, nous pouvons faire de tout rêve, une réalité.

Dès un très jeune âge, grâce à mon oncle Jacques, et plus tard grâce à Kenji, j'ai compris que le bouddhisme n'est pas une religion, mais une philosophie; un état d'être dans lequel il n'existe pas de dieu créateur. Et c'est un tel état d'esprit qui nous éveille à un autre degré de conscience. À mon avis, le bouddhisme concède aux humains le pouvoir de prendre leur vie en main et de devenir ce qu'ils aspirent à être. C'est une doctrine contraire à celle de l'Église catholique, qui n'encourage pas les gens à devenir ce qu'ils veulent être, mais plutôt ce qu'elle estime qu'ils doivent être. Au bout de cette analyse, j'étais parvenue à la conclusion que, à travers une meilleure compréhension des diverses religions et croyances, il est possible d'atteindre, non seulement la réalisation de soi, mais aussi l'aboutissement de tous les buts que l'on se fixe dans la vie.

Je crois en la réincarnation parce qu'il m'a été dit à un très jeune âge que le Christ était la réincarnation du prophète Élie. Je crois en cette théorie, même si l'Église catholique ne la reconnaît pas. Je me considère chrétienne par mes convictions et je possède douze biographies du Christ ainsi qu'une grande collection d'œuvres d'art dépeignant La Dernière Cène, que j'ai ramenées de mes voyages au Mexique, en Italie et à divers endroits dans le monde. Je suis par ailleurs convaincue que l'un des douze apôtres était une femme et donc, chacune des sculptures et pièces de ma collection d'œuvres sur La Dernière Cène une femme est présente. Je crois qu'il y avait une femme, présente lors de la mort et de la résurrection de Jésus et que l'Église s'est par la suite constituée de manière à attribuer tout le pouvoir à la seule gente masculine, contrairement à la volonté de Jésus.

Chapitre XIV

Afin de nous conformer aux règlementations des Nations Unies pour nous permettre d'accueillir nos premiers réfugiés, il fallait que je règle quelques détails. Je devais soumettre une proposition au nom des autorités locales et des organisations consentant à accepter des réfugiés en dépit de nos propres problèmes sociaux. Pour ce faire, je devais établir une liste exhaustive des comités participatifs et des éléments de preuve pour chaque critère, pour démontrer que nous avions les moyens de faire face à nos problèmes sociaux existants, tout en étant en mesure de fournir l'accès à des services variés pouvant permettre une intégration convenable des réfugiés dans notre société.

Une partie de mon travail consistait à m'assurer que notre localité continuait à présenter des conditions saines d'accueil pour les réfugiés. L'autre partie consistait en la mise sur pied d'une équipe de professionnels pour gérer les questions liées aux locaux sanitaires et éducationnels, toujours dans le souci d'assurer que tout est mis en œuvre pour permettre l'intégration réussie de nos immigrants.

Le Québec est divisé en dix-huit régions et chaque région possède sa capitale. Saint-Jérôme est la capitale des Laurentides et la seule ville disposant d'un programme de "francisation", visant à maintenir le français comme première langue des affaires et à promouvoir l'intégration culturelle requise pour atteindre ce but. Dans chacune des dix-huit régions, il existe des centres similaires au COFFRET, portant des noms différents. Ces centres sont tous des organisations non gouvernementales et à but non lucratif.

Au sein de la région des Laurentides, la communauté immigrante forme en moyenne 3,5 % de la population. Les recherches que j'ai consultées indiquent qu'à aucun moment, cette moyenne ne devra atteindre les 5 %, faute de quoi, les chances d'intégration seraient compromises.

La question liée au statut de réfugié est apparue au cours de la Deuxième Guerre Mondiale. Il y avait alors tant de réfugiés sur le continent Européen, que l'ONU procéda à la création de diverses organisations de secours qui ultérieurement formèrent le bureau du Haut-Commissariat des Nations Unies pour les réfugiés qui à la base, n'était qu'un organisme provisoire. Le HCR avait pour mission de prendre en charge un grand nombre de personnes se trouvant dans l'incapacité de retourner dans leurs pays d'origine. Suite à la guerre en Europe, il y en eut d'autres en Asie, en Afrique et en Amérique du Sud. Beaucoup étaient générés par la colonisation ou la formation de nouveaux États, comme dans le cas de la séparation du Pakistan de l'Inde. En raison de cette multiplication des guerres et de l'augmentation du nombre de réfugiés internationaux en découlant, le HCR devint une organisation permanente.

Par le passé, lorsque des réfugiés fuyaient vers des pays voisins, la police et l'armée avaient le droit de les forcer à retourner dans leurs territoires respectifs et par conséquent, beaucoup se faisaient tuer. Au fil des années, l'ajout de divers protocoles à la version originale des lois contenues dans la Convention de Genève de 1949 a abouti à la cessation de ces tueries. De nos jours, lorsque des réfugiés fuient leur pays, ils peuvent déposer une demande d'asile auprès du HCR. Il leur faut alors mentionner la raison de leur demande, confirmer leur identité et attendre de voir si on leur reconnaît le statut de réfugié et s'ils pourront bénéficier de l'assistance des Nations Unies. Le statut qu'on leur accorde est basé sur l'aspect sécuritaire ou non d'un possible retour dans leur pays. En ce sens, trois options leur sont offertes :

1. Attendre la fin de la guerre pour retourner dans leur pays. La difficulté liée à cette option tient souvent au fait que leurs maisons et leurs voisinages sont généralement entièrement détruits ou contrôlés par des rebelles.

2. Faire une demande de résidence dans un pays de refuge. Cette option peut être favorable en Europe. En Afrique par contre, il est fréquent que le pays vers lequel ils se sont enfuis soit également plongé dans un conflit armé.

3. Attendre d'être accepté dans un autre pays favorable aux réfugiés.

Nos premiers réfugiés sont arrivés en 1995-1996 et provenaient de l'ancienne Yougoslavie. Ils avaient été déplacés par les guerres d'indépendance en Serbie, en Bosnie et en Croatie. De nombreux réfugiés venus de Sarajevo détenaient des diplômes universitaires et leur cursus éducatif leur permettait d'avoir une migration et une intégration rapides et de trouver un emploi dans des délais courts. Quant à nous, nous étions heureux de les accueillir sur le sol canadien.

La vague suivante de réfugiés provenait de l'Afrique, toujours en 1996. Pour ces personnes, il était difficile de s'ouvrir et de parler de ce qui se passait dans leurs pays, tant elles avaient été traumatisées. Nous avions pris le soin de passer du temps avec certains des hommes provenant de pays dans lesquels l'homme jouit d'une autorité traditionnelle sur la femme et dont bon nombre avaient plusieurs femmes. Ces coutumes et croyances étaient ancrées en eux et nous avions le devoir de les instruire de nos principes fondamentaux et de nos normes d'équité. Certaines des épouses avaient été exposées à la domination masculine et à la violence conjugale en Afrique.

Après être arrivées ici et avoir fait l'apprentissage de nos codes et lois, il y en avait qui voulaient divorcer en raison des traitements que leurs époux leur avaient fait subir dans leurs pays d'origine. Cependant, ce genre de situation n'était pas commun à toutes les familles. Il y avait à l'opposé, des familles monogames dont les membres étaient instruits et au sein desquelles il régnait une harmonie entre le mari, la femme et les enfants; harmonie soutenue par de solides valeurs chrétiennes et la prière pour que règne la paix dans le monde.

Il y a quelques années, j'eus une discussion avec le père d'une famille de dix enfants, dont un onzième était en voie de naître. J'expliquai à cet homme qu'il lui serait difficile de continuer à procréer chaque année alors qu'il ne disposait pas de revenu pour subvenir aux besoins de sa famille et que vis-à-vis de ses enfants, ce n'était pas responsable. Il était évident qu'il n'appréciait pas du tout de se voir parler ainsi par une femme. Il refusa d'envisager une vasectomie. Lorsqu'il fut découvert à l'hôpital que le fœtus était mort, il exigea à ce que sa femme subisse une hystérectomie, pour que lui-même n'ait pas à subir une vasectomie.

J'ai dû intervenir dans les problèmes de cette famille à de maintes reprises, parce que ce monsieur avait du mal à comprendre que dans notre pays, nous préférions une approche plus souple de gestion des situations au sein des cellules familiales. Il imposait une stricte discipline à ses enfants et je voyais bien que les plus âgés avaient du mal à se faire aux règles qu'il avait établies. En Afrique, il n'est pas rare qu'un enfant ait plusieurs mères, en raison de la polygamie. Pour ces enfants donc, se retrouver ici sans leur mère naturelle, était un handicap supplémentaire. À un moment donné, l'appartement de cette famille prit feu et il a fallu les reloger. La situation ne fut pas des plus réjouissantes, parce que le processus de relogement dura une année.

En un mot, certaines intégrations s'avèrent plus compliquées que d'autres, mais au bout du compte, nos nouveaux arrivants finissent tous par bien s'intégrer à la société et nous continuons à travailler d'arrache-pied pour apporter de l'aide aux victimes de la guerre.
Si seulement nous pouvions trouver un moyen d'empêcher les guerres et d'arrêter la croissance du nombre de réfugiés dans le monde!

En 1997, mes parents séjournaient au Mexique quand mon père tomba gravement malade. Il fut rapatrié d'urgence à l'hôpital de Saint-Jérôme, où je lui rendis visite. Le voir autant souffrir, attristait profondément ma mère. Le 31 mai de cette année-là, le *pont de la Confédération,* qui relie l'île du Prince-Édouard et le Nouveau-Brunswick sur 12,9 km, fut inauguré et mon père voulut absolument le voir avant sa mort; mais il n'en eut pas l'occasion. Lui ayant promis de l'aider à réaliser son souhait, j'avais fait le nécessaire pour voir comment louer une fourgonnette pouvant être équipée de ses bouteilles d'oxygène, pour l'emmener voir le pont et les activités de célébration.

En septembre, je prenais part à une importante réunion sur les stratégies anti-pauvreté, avec le ministère de l'emploi et certains de ses homologues. La séance de travail consistait en l'élaboration de programmes que nous espérions mettre sur pied. À la pause, je reçus un message de l'hôpital de Saint-Jérôme m'informant que l'état de mon père s'était détérioré et qu'il n'en avait certainement plus pour longtemps. Je m'écroulai, secouée de larmes incontrôlables. Je n'avais même pas la force de me relever parce que je m'étais presqu'évanouie sous le coup de la nouvelle. Un ami présent à la réunion me consola et me conduisit à l'hôpital. C'était le milieu de la matinée, ma mère, mes frères et ma sœur étaient déjà au chevet de notre père. Il ne manquait qu'un de mes frères qui, par avion, était en route pour nous rejoindre.

Nous nous tenions tous debout autour du lit, à regarder mon père gisant sur le lit, sans connaissance. Nous lui parlions et le remercions de tout ce qu'il avait fait pour nous. Nous sommes restés là des heures. Aux alentours de midi, ma mère emmena la fratrie pour déjeuner et je décidai de rester là, à continuer de lui parler. Je lui dis à quel point nous avions été chanceux de l'avoir et le soulagement que procurait le fait de savoir qu'il s'en irait en paix. Tout d'un coup, je vis son annuaire bleuir et essayai de retirer son alliance, mais il rendit l'âme en cet instant. Je rappelai la famille à son chevet et vingt minutes plus tard, mon autre frère arriva, désespéré de n'avoir pu lui faire ses adieux.

Ma mère avait veillé sur notre père tout le temps qu'il a passé aux soins intensifs et savait toute la souffrance qu'il avait enduré. Il disait lui-même qu'il voulait mourir à 64 ans et il était parti à 67. Il savait que son heure était venue. Je n'ai pas eu la chance de le conduire à ce pont qu'il chérissait, mais nous étions tous convaincus qu'il l'avait traversé avant de quitter ce monde pour l'au-delà.

En repartant de l'hôpital, je décidai d'aller marcher dans le parc situé près de ma maison. Pendant que je me promenais, mon père vint me trouver et me dit : « ne t'inquiète pas, il y a équilibre, il y a justice, tout est parfait. Ne t'inquiète pas. » Ce fut ma dernière conversation avec lui.

Au cours des jours suivants, ma mère et moi nous sommes occupées de l'organisation des funérailles, qui eurent lieu à l'église de Saint-Antoine. Il y eut une première exposition du corps au funérarium parce que mon père faisait de la politique et comptait de nombreux amis et connaissances dans la région. Il était aimé et apprécié de beaucoup de gens qui vinrent lui rendre le dernier hommage. La foule était immense à ses obsèques. Moments tristes et difficiles pour la famille.

J'ai hérité de plusieurs traits de caractère merveilleux de mes deux parents, tels que la sociabilité, le sens de l'organisation, la capacité à motiver les autres et le partage de ses croyances avec autrui. J'ai acquis leur force et leur courage à parler sans détour aux gens, pour les amener à affronter leurs problèmes et à prendre les mesures nécessaires pour les résoudre et pour assumer leurs responsabilités. Ma mère a énormément de compassion pour les autres et une intarissable volonté de venir en aide à son prochain. Aujourd'hui encore, dans sa maison de retraite, elle joue un rôle de médiateur, se portant à la défense des autres et leur venant en aide. Mon père lui, avait un grand sens de l'humour et je sais que je détiens cela de lui. Il était capable de faire rire les gens au beau milieu des situations les plus dramatiques, tout en s'attelant à les aider à trouver une solution. Même s'il n'est plus, je sais que son esprit demeurera toujours en moi (Une image de mon père ci-dessous).

Mathieu venait d'avoir 21 ans et ne requérait plus mon autorisation pour entrer dans l'armée. Restant fidèle aux convictions qu'il a eues dès l'âge de trois ans, il m'annonça le jour de son vingt-et-unième anniversaire qu'il s'était enrôlé dans l'armée et prenait le départ pour Saint-Jean-sur-Richelieu. Mon autre fils, Jérémie, venait de finir l'école secondaire et avait déménagé sur Montréal pour poursuivre des études postsecondaires. Je demeurais seule dans une grande maison. Je me dis alors que deux chiens feraient une agréable compagnie.

Arriva à Saint-Jérôme, un nouvel archevêque qui n'approuva pas notre initiative d'un comité interreligieux. Il vint me dire que le COFFRET n'était pas habilité à tenir ce type de conseil. Il se rapprocha de tous les membres et leur demanda d'arrêter d'assister aux réunions. Nous avions organisé quelques activités après cela, mais le conseil ne tarda pas à se dissoudre. Nous avions quand même fonctionné pendant huit années avant cela et nous en étions fiers.

Quelques semaines plus tard, l'hiver ne tarda pas à pointer le bout de son nez et Noël n'était plus loin. Ma mère voulut continuer à aller au Mexique tous les hivers et cette année-là, je décidai d'organiser une célébration de Noël au COFFRET pour les tuteurs en français. L'un des enseignants me dit qu'il viendrait en compagnie d'une jeune Chinoise fraîchement arrivée de son pays. Quand je la vis, je me souviens avoir pensé qu'elle était particulièrement jolie, malgré son allure de jeune garçon.

C'était beau de pouvoir célébrer ensemble et de voir que le personnel appréciait cette initiative.

Il neigea abondamment cet hiver-là et comme d'habitude, j'ai adoré participer à de nombreuses activités en plein air. Je faisais du traineau avec mes chiens un jour, lorsque mes doigts furent pris dans la corde. Ils virèrent au bleu sous le coup de l'atroce douleur. Le soir, j'allai diner avec mon ami François et je pris quelques verres en sa compagnie pour oublier la douleur qui circulait dans mes doigts. Ne pouvant boire au-delà d'une certaine limite, je rentrai chez moi pour essayer de dormir et récupérer.

Cette nuit-là, mon père m'est apparu en rêve. Il n'était décédé que depuis peu et j'étais contente de le voir en rêve. Je lui demandai ce qu'il faisait là et il répondit : « N'en parle à personne. Je suis venu pour toi. Je me suis occupé de tout et tout ira bien. » Je n'avais aucune idée de ce dont il parlait.

Le matin suivant, qui était un dimanche, François appela pour s'enquérir de mes doigts. Ils me faisaient toujours mal, mais allaient mieux que la veille. François me dit qu'il avait reçu un appel d'un ami lui demandant s'il connaissait quelqu'un qui pourrait héberger une jeune Chinoise. Il y a douze heures de décalage horaire entre la Chine et le Canada et je m'étais alors demandé si la situation dans laquelle la jeune fille se trouvait s'était déclenchée au moment où mon père m'était apparu en songe. Mon ami me dit que la fille s'appelait Jin, mais se faisait appeler Jennifer pour avoir un prénom à la résonnance nord-américaine. Je réalisai alors qu'il s'agissait de la même fille que j'avais rencontrée à la fête de Noël. Je dis donc à François que je serais heureuse de la prendre dans ma maison.

Les parents de Jin, (je préfère l'appeler par son vrai prénom), vivaient en Chine. Son père y travaillait pour une grosse société canadienne qui prenait en charge toute la scolarité de la fille au Canada. Étant donné que le parrain de Jin vivait à Sainte-Thérèse, au Québec, son père avait demandé son assistance. Afin d'améliorer les chances de Jin d'entrer dans une école supérieure ils décidèrent de louer un appartement à Montréal pour la famille. Malheureusement sa mère ne pouvait pas venir avec elle parce qu'on ne lui accorderait pas de visa pour un séjour aussi prolongé. Son père l'accompagna donc à Montréal et, avec l'aide de son parrain, l'inscrit dans une école de Saint-Jérôme et l'installa dans une famille d'accueil.

Jin ne savait pas que son père retournerait en Chine en la laissant seule au Canada. Ne parlant pas un mot de français, elle se sentait totalement perdue et comme en état de choc. Il y avait trois autres enfants dans la famille d'accueil et des deux côtés, la situation était pesante.

Jin s'est mise à déprimer. Elle arrêta de manger et pleurait constamment. Son tuteur en français était un de mes employés du COFFRET, alors j'avais eu vent de son état émotionnel. Comme la situation devenait dommageable pour sa santé, l'école décida de lui changer de famille d'accueil.

Je rencontrai Jin et son parrain dans un restaurant St-Hubert. Elle me reconnût tout de suite. Je la ramenai chez moi et lui montrai sa nouvelle chambre. Elle y resta longtemps et ne voulut pas en ressortir. Elle n'avait que onze ans.

J'appelai mes deux garçons pour les informer qu'ils avaient une petite sœur. Ils vinrent diner à la maison ce soir-là, pour faire sa connaissance. Le diner se déroula très bien et elle reçut un accueil chaleureux dans notre famille. Aujourd'hui, elle affirme volontiers avoir deux frères et même si mes fils étaient bien plus âgés qu'elle au moment où elle est entrée dans notre famille, il n'y paraît pas du tout à présent.

Jin a subi un véritable changement, vu que la vie au Québec est si différente de ce à quoi elle était habituée. Elle m'expliqua qu'en Chine, elle se rendait à l'école en marchant le long de canaux dans lesquels traînaient des corps de petites filles mortes. Comme il n'était permis d'avoir qu'un seul enfant, les petites filles non désirées étaient jetées dans ces canaux pour que les parents aient une autre chance d'avoir le petit garçon qui perpétuera le nom de famille. Il arrivait que certains des bébés soient toujours vivants et bien qu'elle les entendait hurler, Jin savait qu'elle n'était pas autorisée à les prendre. Cette information était tout à fait choquante pour moi. Je ne pouvais pas croire que des enfants innocents étaient privés du droit de vivre.

Lorsque les immigrants arrivent ici, certains n'ont pas la perspicacité de saisir les principes de vie fondamentaux suivant lesquels notre société évolue. Ils sont alors tenus d'entamer un processus d'ajustement continu et de réorienter leurs pensées sur le droit à la vie, l'équité, la liberté, l'éthique, la dignité humaine et bien d'autres valeurs. Pour nous qui sommes nés ici, ces concepts sociaux occidentaux sont innés, ce qui n'est pas le cas pour eux. Cela explique pourquoi entre nos points de repère et les leurs, il y a souvent des écarts.

Ma chienne mit bas et comme Jin n'avait jamais eu de chien, elle garda un des chiots et le nomma Picasso. Ce chien lui tint compagnie et devint son bébé et son frère. Son père commença à dire aussi qu'il avait au Canada, une fille et un fils du nom de Picasso. C'était drôle d'entendre cela. Jin me confia un jour qu'elle aimerait devenir une québécoise.

Peu de temps après son emménagement chez moi, je reçus quatre cargaisons de bûches de bois pour le chauffage. Il fallait rapidement les empiler avant que la neige et la glace ne pénètrent le bois. Comme nous étions un nombre réduit de personnes pour faire le travail, Jin proposa son aide et on lui fit une place dans la file d'empilage. Nous étions tous épuisés à la fin.

Le matin suivant, on m'appela de son école pour me demander d'y aller de toute urgence parce que Jin n'arrivait plus à bouger. Elle paraissait presque paralysée et les gens de l'école ont dû penser que je la maltraitais en lui faisant accomplir des taches aussi lourdes qu'empiler du bois. Heureusement, l'incident apparut drôle lorsque j'eus expliqué au directeur que l'idée d'apporter son aide était sienne, parce qu'elle voulait prouver qu'elle avait de la force. J'en ris encore quand je repense à cet épisode.

Au début 1998, des réfugiés nous sont venus de la Colombie, un pays secoué par des conflits depuis plus d'une soixantaine d'années. Quatre millions de Colombiens s'étaient réfugiés dans l'Équateur voisin, un petit pays qui n'avait pas la capacité d'accueillir autant de personnes. L'Équateur acceptait temporairement les réfugiés sous la condition qu'ils soient ensuite relocalisés. De nombreux Colombiens furent admis dans des pays Européens, aux États-Unis et au Canada. Saint-Jérôme contient une importante population de plus de 650 Colombiens.

Beaucoup de ces Colombiens n'étaient pas prêts à apprendre le français, ce qui rendit le processus de leur intégration à la société, plus ardu. J'ai compris que je devais faire quelque chose pour trouver une solution. Lorsque nous acceptons des immigrants, ils doivent de leur côté avoir la volonté de s'adapter à notre société établie ou il en résultera des tensions sociales au sein de nos propres communautés. Et nous ne pouvons pas laisser cela se produire parce que ça nous empêcherait de venir en aide à ceux qui sont prêts à embrasser tous les aspects de leur nouvelle vie.

En juin 1998, arrivèrent nos premiers réfugiés venus du Kosovo. Avec eux, nous étions confrontés à une situation tout à fait différente. D'habitude, les personnes qui ont fui leur pays séjournent un temps dans un camp de réfugiés avant d'être relocalisées. Ce qui leur laisse le temps de s'accommoder à leur nouvelle situation et d'apaiser un peu les tensions accumulées, avant le transfert dans un autre pays. Dans le cas du Kosovo, en plein cœur d'un grave conflit armé avec la Serbie, nous devions envoyer du Canada, un avion pour secourir des personnes piégées sur une montagne. Nous n'avions jamais eu auparavant à faire face à un degré d'urgence aussi élevé pour sauver des vies humaines. D'autres sont arrivés après avoir été abrités par la Macédoine pour une courte durée. Ils étaient si rapidement transportés hors de la zone de guerre par avion, que le gouvernement n'avait même pas le temps d'établir leurs papiers d'identité. Ils étaient ensuite envoyés à la base militaire de Kingston, près de Toronto. Ils attendaient là-bas, le temps que nous apprêtions leurs papiers et décidions dans quelle région les installer.

Je me rappelle avoir reçu par une télécopie urgent, une liste de personnes venues du Kosovo et qui devaient être conduites à Saint-Jérôme. J'ai eu l'impression que ces noms pleuvaient du ciel, directement dans notre bureau. Il y avait 92 noms sur la liste, dont seulement quatre patronymes. Nous avons supposé qu'ils avaient de grosses familles, comme c'était le cas chez nous à une certaine époque. Nous ne savions pas qui appartenait à quelle famille, pour planifier l'hébergement et autres services. Je décidai d'aller à Kingston pour les voir. Mathieu rentrait juste de la Bosnie dans le temps, alors il m'accompagna à la base militaire.

Au camp, je me dirigeai vers le bureau québécois de l'immigration installé dans une fourgonnette Winnebago pour les informer de ma présence. Ils m'envoyèrent dans la salle à manger du camp pour voir les réfugiés, mais il y avait là, 3000 personnes. Au moment où j'entrais dans la salle, une fillette de dix ans, que je n'avais jamais vu auparavant, se précipita dans mes bras comme si elle me disait : « Où étais-tu? » Je la serrai dans mes bras et sa famille se dirigea vers moi pour découvrir l'identité de la femme qui venait d'embrasser leur fille. Cet instant restera à jamais gravé dans ma mémoire. C'était une de ces occasions spéciales où je rencontre des personnes pour la première fois et pourtant, j'ai l'impression de les avoir connues toute ma vie ou dans une vie passée. Des personnes avec lesquelles s'établissent un rapport et une compréhension instantanés. Sans prendre en compte l'âge ou le fait que nous parlions ou non la même langue, ce genre de lien immédiat provient plus du sentiment de s'être toujours connus. Il s'avéra que toute la famille de cette petite fille se trouvait sur la liste de Saint-Jérôme. Nous nous sommes donc assis pour déterminer qui était qui. Il y avait trente-cinq personnes dans cette seule famille. Une semaine plus tard, ils étaient à Saint-Jérôme, où nous les avons aidés à s'établir.

Certaines des familles n'avaient pas voulu se retrouver en un grand groupe vivant au même endroit, alors elles ont demandé à ce que leurs membres soient répartis dans différentes zones. Ceci simplifia notre tâche parce qu'il n'était pas évident de trouver des appartements pouvant contenir douze personnes. L'une des familles dont j'ai eu à m'occuper s'est révélée tout à fait extraordinaire. Je dirais que c'est sans doute la famille la mieux intégrée qu'il nous ait été donné d'accueillir. Bien que ce soit une grande famille, tous les membres étaient très proches et aimants les uns envers les autres.

De nombreuses autres familles arrivèrent du Kosovo. Notre équipe se chargeait de les conduire à leurs logements, de les emmener faire les courses et de leur donner diverses astuces. Certains des hommes se montraient agressifs envers mon personnel; ce qui a conduit à la démission de deux de mes employés qui ne pouvaient plus endurer ces comportements. J'ai dû emmener certains faire les courses moi-même. Le centre reçoit une certaine somme d'argent pour chaque réfugié, ainsi qu'une liste de choses à leur acheter. Pour assurer que le financement soit renouvelé, il fallait que je respecte strictement ces consignes. Un jour, j'emmenai un des hommes dans un magasin et lui demandai de choisir une robe et un pantalon pour sa mère âgée. Il indiqua qu'il ne voulait choisir que des robes. Je lui dis que je ne pouvais acheter que ce qui était autorisé. Il devint très agacé et se mit à me crier après. Je n'étais pas en mesure de faire autrement que prévu et lui ne le comprenait pas. Il me cracha au visage; ce qui me bouleversa et me blessa profondément.

La famille de cet homme était en proie à un choc culturel immense et ils n'ont pas supporté de vivre au Canada. Ils décidèrent donc de retourner au Kosovo. Cela arrive parfois, à cause des terreurs vécues par ces gens. Nous devons accepter le fait qu'il faut leur accorder une période de transition. Avec une bonne politique d'intégration, nous pouvons contribuer à rendre leur situation meilleure. Mais pour cela, il faut que chaque membre de la communauté joue sa partition.

À la fin de l'année 98, les parents de Jin décidèrent de venir célébrer Noël avec nous. Ils descendirent à New York la veille de Noël et m'informèrent par téléphone de leur difficulté à trouver une voiture de location pour se rendre à Montréal. Ils me demandèrent s'il était possible de leur trouver un véhicule à Saint-Jérôme. Trouver une voiture à louer le 24 décembre était presque impossible, mais je réussis à en avoir une à Lafontaine (Saint-Jérôme). La voiture devait être récupérée avant 17h, mais comme il leur était impossible d'y être à cette heure-là, j'expliquai au propriétaire qu'on ne pourrait passer la chercher qu'à leur arrivée ce soir-là.

Ils arrivèrent finalement chez moi à Saint-Antoine vers 23h, en taxi. La mère de Jin ne parlait ni français, ni anglais. De toute façon, nous n'avions pas de temps pour les présentations. Presque comme si on me jetait hors de chez moi, je me précipitai pour aller chercher la voiture de location, accompagnée du père de Jin. Je devais me familiariser rapidement avec leurs pratiques culturelles. En fait, il nous fallut un petit bout de temps pour comprendre nos modes de vie respectifs. La mère de Jin avait obtenu un visa de trois semaines en Chine, mais à son arrivée au Canada, les autorités lui en accordèrent un autre, de six mois. Elle était très contente de pouvoir rester plus longtemps que prévu. Pourtant, au bout de trois semaines de séjour, il y eut un coup de fil des autorités chinoises lui enjoignant de rentrer le plus tôt possible en Chine, parce que le délai qui lui avait été initialement accordé était dépassé. Elle fit rapidement ses bagages, toute paniquée. Avant son départ, j'emmenai notre petit groupe dîner dans un restaurant asiatique local. Je voyais bien que la mère de Jin était très nerveuse, ce que sa fille me confirma en traduisant ses paroles. Jin m'expliqua qu'à son retour en Chine, sa mère devra travailler toute une année sans salaire, pour être restée au-delà du délai accordé sur son visa, ce qui était un acte illégal en Chine. Je luis dis que leurs autorités n'avaient pas le droit de faire une telle chose. Jin me dit que le mot "droit" n'existait pas dans le vocabulaire chinois. C'était un fait difficile à concevoir pour moi. Ainsi, sa mère aurait voulu devenir bouddhiste, mais en Chine, c'était compliqué de le faire, les concepts fondamentaux des deux philosophies étant si divergents. J'étais consternée par sa situation et le cœur lourd, nous fîmes nos adieux. Heureusement pour la mère de Jin, son mari introduisit une demande d'immigration par le biais de sa société et au bout de deux ans, elle est revenue au Canada en qualité de résidente permanente. Nous avons cohabité pendant un an dans ma maison, puis elles ont acheté une maison à Saint-Jérôme.

Quand la mère de Jin revint au Canada, je l'emmenai à maintes reprises au temple bouddhiste d'Arundel. Un jour, elle découvrit leur petite bibliothèque remplie de livres. Il y régnait un beau désordre et des ouvrages traînaient dans tous les coins. Elle se mit à pleurer à la vue de tous ces livres sacrés gisant au sol et se mit tout de suite à les ranger. Elle décida de devenir bénévole pour le temple.

En 2000, je reçus de nombreuses plaintes provenant des écoles au sujet des enfants du Kosovo. L'intégration pour eux était difficile en classe et certains se livraient même à des actes violents. Nous avions donc pris la décision de mettre en place un camp de jour avec les enfants du Kosovo.

Je pris contact avec un organisme de Montréal appelé RIVO, qui s'occupe de venir en aide aux victimes de la violence organisée. J'y obtins de l'aide pour l'élaboration d'un scénario stratégique qui permettra aux enfants de briser le cycle de violence dans lequel ils ont été embarqués et à s'en sortir. Le scénario comportait trois étapes :

1. Personnaliser leur identité d'avant-guerre
2. Leur faire surmonter l'expérience du conflit
3. Les amener à se projeter dans le futur

À cette époque, le centre ne recevait pas de financement adéquat, je me suis retrouvée sur l'assurance chômage. Étant donné que l'intervention auprès des jeunes était nécessaire, j'ai décidé d'animer ces camps dans ma maison pendant la période estivale.

Notre premier objectif fut atteint grâce à des recherches dans les livres de ma bibliothèque et du matériel éducatif dont je disposais chez moi. D'abord, nous avions photocopié des photographies et des images pour en faire une exposition montrant leurs identités d'avant-guerre. Ensuite, nous les avons vêtus de leurs costumes traditionnels et ils ont présenté un spectacle pour un public constitué de leurs parents et de nos organismes partenaires.

Le deuxième objectif requérait de leur faire dessiner leur ancienne maison sur un carton. Il leur fut difficile de dessiner leur maison de mémoire, parce qu'ils étaient très émotifs.

Nous avions beaucoup de place dans ma maison, les enfants s'y étaient répandus et s'étaient mis à dessiner de grandes maisons remplies des membres de leurs familles, y compris les grands-parents et la famille élargie, un peu comme dans nos clans. Ils dessinèrent aussi des animaux de la ferme et des jardins. Je relevai que toutes les maisons dessinées étaient assez identiques. Toutes m'apparurent comme des habitations individuelles et autonomes.

Il y avait une douzaine d'enfants dont le plus jeune se mit à dessiner une maison en flammes avec son grand-père mort sur le sol de la maison. Un autre enfant dessina des cadavres se trouvant dans les bois derrière sa maison. Ensuite, la petite fille qui fit ce dernier dessin se tourna vers moi et dit : « Line, les policiers n'ont pas été gentils avec nous. » Je commençai à répondre : « Eh bien, ce n'était pas gentil de leur part, mais tu sais… » Avant que je termine ma phrase, un autre enfant me dit d'une voix tremblante : « Line, ils n'ont vraiment pas été gentils avec nous ».

Je réalisai alors que ces enfants avaient été directement impliqués dans le conflit et que tout allait sortir, mais je ne me sentis pas en mesure de gérer la situation toute seule. Comme tactique dilatoire, je leur dis que nous devions préparer le déjeuner. Alors que nous avions commencé à découper des carottes, une autre petite fille affirma : « Line, les policiers ont été très, très méchants. »

Je compris que je devais tout arrêter et les écouter. Je m'assis et leur dis que nous pouvions parler de ce qui s'était produit. C'était horrible. Les événements que ces enfants me décrivaient sont les histoires les plus affreuses qu'il m'ait été donné d'entendre. Ils ont vu la police et l'armée serbes attaquer des personnes et commettre les pires atrocités. Ils ont vu des femmes clouées sur des portes, de la manière dont Jésus fut cloué sur la croix et ensuite se faire agresser sexuellement, de façon violente et répétée. Ils ont vu des femmes enceintes se faire éventrer et leurs boyaux arracher. Ils ont vu des bébés découpés en morceaux.

Ils ont été témoins de scènes abominables, dont aucun enfant, ni aucun adulte d'ailleurs, ne devrait jamais être témoin.

Ils continuèrent à hurler leurs terribles expériences, puis se mirent à pleurer, pleurer, pleurer jusqu'à ce que la douleur s'apaise. Alors, l'une des filles, Ariana, dit : « Mais, il y a sans doute des enfants tristes ici aussi. Peut-être que nous pouvons les aider. » Une autre ajouta : « Peut-être que nous pourrions rendre visite à des enfants malades à l'hôpital ».

Enfin, ils avaient passé la 3e étape qui consiste à revivre la guerre et étaient capables de laisser libre cours à leurs aspirations pour l'avenir. En ce qui me concerne, je suivis une thérapie pendant les trois années suivantes, pour gérer les révélations de cette journée.

En septembre 2001, la campagne fut lancée pour les élections municipales. Le maire de l'époque s'était arrangé, avec l'approbation du ministre, pour en quelque sorte, fusionner Saint-Antoine, Lafontaine et Bellefeuille, avec Saint-Jérôme. Je ne pouvais pas croire que cela ait été fait à l'insu du peuple. J'ai trouvé que c'était une insulte à la démocratie.

Je suis allée rencontrer le maire en poste de Saint-Jérôme pour lui exprimer mon désir de faire partie de son parti politique. Je lui expliquai que je voulais travailler à assurer que la planification stratégique et que les besoins des villes fusionnées seraient écoutés et qu'elles disposeraient toujours des mêmes services qu'avant la fusion.

Il déclina ma requête. Je lui dis que si je ne pouvais pas faire partie de son équipe, je devrais me retrouver dans l'opposition. Dans les circonstances, le maire de Saint-Antoine se retrouva à diriger le parti politique qui s'opposait à l'imposition de la fusion tel qu'elle avait été forcée. Autour du 8 septembre, il eut une crise cardiaque et il lui fut recommandé de démissionner en raison de son état de santé. Il fallait donc trouver un nouveau leader et pour ce faire, nous avions convoqué une réunion dans la nuit du 11 septembre.

J'étais alors vice-présidente du conseil régional de développement et je devais présider une commission concernant le développement du Nord des Laurentides.

Tous les participants eurent l'occasion de soumettre des demandes d'amendements aux politiques en vigueur, afin de permettre le développement de leurs affaires. En regardant par la fenêtre à un moment donné de la réunion, on remarqua un tumulte. Quelqu'un ouvrit la porte à ce moment-là et cria : « Venez vite. Il y a une attaque contre les États-Unis ».

Le personnel de l'hôtel installa une grosse télévision dans la salle de séjour et, tous assis là, nous avons vu la deuxième tour s'écrouler. Je me mis à penser à mon fils, au fait qu'il avait été déployé en Bosnie et à la possibilité que, si cet incident déclenchait une guerre, il se retrouve impliqué dans les affrontements. Je me sentis déchirée et me demandais intérieurement : « Mon Dieu, que se passe-t-il dans le monde? »

J'étais convaincue que c'était le début d'une troisième guerre mondiale. Il y avait tant d'émotion et d'incrédulité dans l'air. J'en avais carrément l'envie de suspendre la réunion, mais certaines personnes avaient fait le déplacement depuis d'autres régions, alors il fallait continuer.

L'un des participants remarqua que : « Lorsque les gens se retrouvent dans des situations où aucun respect ne leur est accordé, cela crée des événements comme celui de New York. » Son commentaire me fit péter un plomb. Je lui fis comprendre qu'il était totalement dans l'erreur et qu'il était irréaliste de comparer son contexte local de ce temps-là, à la situation liée à l'Islam ou à New York. Je décidai de reporter la réunion à ce moment-là, puis je convoquai une réunion d'urgence avec toutes les autorités locales concernant les attaques au World Trade Center.

Le but de la réunion était de prévoir l'éventualité où nous aurions un afflux de personnes fuyant les États-Unis ou de voyageurs transitant par notre localité en raison des événements. Déjà, l'administration de l'aéroport de Mirabel avait dû prendre des dispositions pour accueillir les vols à destination de New York qui avaient été déviés. De son côté, Tourisme Laurentides avait conscience que nous devions prendre des dispositions pour recevoir de nombreux arrivants inattendus. Par conséquent, toutes les chambres d'hôtel et autres logements disponibles avaient été apprêtés dans toute la région.

Cette question résolue, je me précipitai à la réunion du soir pour déterminer qui sera candidat à la mairie. Les conseillers municipaux de chaque district électoral se présentèrent et, à tour de rôle, donnèrent les raisons pour lesquelles aucun d'eux ne pouvait se porter candidat à la mairie du tout nouveau Saint-Jérôme. L'un d'eux se retourna vers moi et dit : « Line, il n'y a que toi qui puisses te porter candidate ».

En songeant à mon fils parti au front et à l'éventualité d'une troisième guerre mondiale, je me dis que ce serait peut-être le moyen pour moi d'avoir un droit de regard sur ce qui se passera dans l'avenir. J'acceptai donc de me porter candidate à la mairie. La campagne électorale dura deux mois et j'étais vraiment dédiée à la cause. Les votes étaient en ma faveur dans la plupart des districts, sauf Lafontaine, un district fidèle au maire en poste. Ils ont remporté la victoire par 1000 voies.

Furieux que je me sois présentée contre lui, le maire, pour me punir, racheta *La Maison Blanche* à la banque et nous en expulsa. Nous étions douze organisations opérant dans ce bâtiment et nous devions toutes libérer les lieux. Je n'en revenais pas qu'il nous ait fait ce coup bas, alors j'ai déménagé tout notre matériel qu'on avait fait pour les entreposer à l'église Saint-Lucien. Puis nous nous sommes installés chez moi et je fis mettre une enseigne sur ma maison et la renommai "*La Maison Blanche*".

Après les événements du 11 septembre 2001, les armées canadienne et américaine s'allièrent pour envahir l'Afghanistan. Ceci mit fin à la mission des Casques bleus. Les Casques bleus ou Bérets bleus font partie de la Force de maintien de la paix des Nations Unies. Leur rôle n'est pas de prendre part aux conflits, mais d'aider à la reconstruction d'un pays dévasté par la guerre et de protéger les populations civiles. Mon fils était un Casque bleu et lorsqu'il était en Bosnie, il avait pris part à des missions telles que la construction d'écoles et la reconstruction de ponts endommagés pendant la guerre.

L'invasion de l'Afghanistan impliquait une attaque armée, alors il fut ordonné aux Casques bleus de retirer leurs casques et de commencer un entraînement offensif. Mathieu s'en alla au beau milieu d'une séance de formation, mais fut arrêté et reçut l'ordre de retourner à la formation. Il dit à ses supérieurs qu'il ne pourrait pas participer aux combats. On lui dit que le seul moyen d'éviter cela serait d'obtenir un certificat médical indiquant son incapacité à combattre pour des raisons psychologiques, ce qu'il fit. Comme sa petite amie était aussi enceinte, il obtint la permission de rentrer.

En 2002, j'organisai une visite à Saint-Lucien, une église abandonnée et fraîchement rachetée par un groupe de médecins qui voulaient en faire une clinique médicale. La montée au pouvoir par les libéraux n'ayant pas favorisé l'aboutissement du projet, les médecins acceptèrent de me revendre la bâtisse. Lorsque le maire apprit que j'avais versé un acompte de 5 000 dollars, il se hâta de changer le zonage. Un article parut à ce propos, sous le titre : *"La ville de Saint-Jérôme change le zonage pour empêcher la Fondation Clara Bourgeois de s'installer dans l'église de Saint-Lucien"*.

J'étais consternée par un tel agissement. Je venais d'accueillir de nouveaux réfugiés et je leur avais dit qu'ils étaient arrivés dans une région pacifique. Pourtant, il semblait qu'une guerre couvait à Saint-Jérôme. Je demandais à mon cousin, qui connaissait le maire, de le convaincre de me voir pour que nous essayions de résoudre nos différends.

Notre rencontre eut lieu dans un restaurant, en face de l'église de Saint-Lucien. Étant arrivée la première, j'allai aux toilettes pour me laver les mains. Je regardai dans le miroir et, me sentant fondre à ce moment, je me mis à hurler à moi-même : « C'est irréel. Tu ne vas pas à nouveau te mettre à genoux devant lui. Il gagnera toujours . Tu ne vas pas quémander sa pitié. Pour qui se prend-il? Qu'est-ce qu'il a de si spécial cet homme sans scrupules qui n'arrête pas de faire le paon? Tu ne vas pas t'incliner devant lui. »

Je suis restée dans les toilettes une bonne vingtaine de minutes, dans un état terrible, jusqu'à ce qu'une toute petite voix venue de mon cœur dans ma tête me murmure : « Non Line, ce n'est pas pour toi que tu fais ceci. C'est pour le bien des réfugiés. Et je répondis : « Oui, c'est pour les autres que je le fais, pour les réfugiés qui n'ont même plus de patrie. » Après quoi, je repris mon sang-froid.

Je sortis calmement des toilettes et lui parlai de divers problèmes, mais il ne voulut rien entendre. Il me dit que je ne poursuivrais pas mon travail à Saint-Jérôme et qu'il ne voulait pas de moi là. En un mot, il voulait que je disparaisse de cet endroit. Je lui dis au revoir et quittai le restaurant.

Je venais de perdre 5 000 dollars à cause de cet homme. Cela représentait beaucoup d'argent pour notre centre, étant donné que nos ressources étaient limitées. En plus, il fallait que je trouve une autre église.

J'allai voir le curé de la cathédrale, qui s'avérait être un cousin éloigné par mon arrière-grand-père maternel.

La première chose qu'il me dit en me voyant arriver c'est : « Veux-tu l'église Sainte-Marcelle? » Ce à quoi je répondis : « Bien sûr que je la veux». Je ne lui avais même pas encore dit pourquoi j'étais venue le voir, alors j'étais assez abasourdie.

Il tint une réunion ce soir-là et annonça à toutes les personnes présentes que l'église fermait et serait démolie. Certains participants se mirent à pleurer sous le choc de la nouvelle.

Toutes les églises de la région sont administrée par un conseil appelé FABRIQUE. Je contactai les membres du conseil et, deux jours après l'annonce du prêtre, j'allai proposer aux administrateurs, que notre organisation soit relocalisée dans l'église de Sainte-Marcelle. Ils me dirent que j'étais un ange et que j'apportais une réponse à leurs prières. Je leur répondis que c'était plutôt eux qui répondaient à mes prières à moi.

L'accord fut mutuellement bénéfique : le FABRIQUE a accepté de nous laisser l'église pour un dollard et moi je leur ai promis d'y maintenir les cultes du dimanche et d'y organiser quelques autres activités.

Nous étions au printemps et l'évêque du diocèse était à Rome pour un séjour de deux mois. Quand j'informai le curé de notre emménagement, il me dit que nous ne pouvions pas prendre possession des lieux avant le retour de l'évêque et son approbation pour la vente. C'est l'évêque qui avait le dernier mot. J'informai le curé que l'évêque venait justement de fermer la Chapelle Saint-Adolphe d'Howard et que nous ne pouvions pas continuer à fermer des églises ou elles finiront par devenir toutes abandonnées comme celle de Saint-Lucien.

En ce temps, les évêques avaient beaucoup de pouvoir dans la région des Laurentides. Il en avait été ainsi pendant de nombreuses années et ils avaient de grandes collaborations à l'intérieur de l'institution. Je ne réussis donc pas à convaincre le curé. Il me dit que l'église fermerait le 1er juillet, ce qui signifie que les alimentations en électricité, en eau et en gaz seraient coupées. En ma connaissance, la réalimentation pourrait coûter jusque dans les 50 000 dollars. Je me mis à le supplier tous les jours, l'appelant près de dix fois dans la même journée, lui répétant que nous prendrions en charge les factures des services publics pour le bâtiment jusqu'à ce que la décision finale soit prise. La veille de la fermeture prévue, je l'appelai à nouveau et lui dis qu'un tel geste serait un crime contre l'humanité. Il accepta finalement et me dit qu'il nous enverrait un accord de bail stipulant que nous étions locataires jusqu'au retour de l'évêque.

Il n'en fallut pas plus pour que nous chargions un grand camion de tous nos meubles et équipements de bureau qui étaient entreposés à l'église Saint-Lucien pour emménager dans l'église Sainte-Marcelle, reconnecter toutes les lignes téléphoniques et nous installer. À son retour, l'évêque ne fut pas content de la décision prise dans son dos et nous demanda de vider les lieux. Je lui expliquai que nous étions là pour répondre aux besoins de la société et qu'en utilisant l'église à cette fin, nous étions aussi au service du Seigneur. Nous avons décidé de nommer la bâtisse Méridien 74.

Il était si fâché qu'il me parla par le biais d'un intermédiaire présent dans la salle. Le message était de nous arranger pour être dehors avant le matin suivant. Je lui fis savoir que nous ne bougerions ni le lendemain, ni le jour d'après, parce que l'église est au service de la communauté et c'est la communauté qui avait besoin des locaux de l'église. Ainsi, nous sommes demeurés dans notre bâtisse bénie malgré les tentatives de nombreuses personnes pour nous en faire partir.

Au printemps 2003, je pris l'initiative de faire un stage dans la Communauté de Sant'Egidio, à Rome. J'avais appris qu'on y prenait possession de vieux bâtiments pour les transformer en services pour les plus démunis. Le Vatican a la gestion de tous les bâtiments religieux de Rome, donc lorsqu'une église ou un couvent ferme ses portes, le bâtiment est donné à la Communauté de Sant'Egidio. Le stage que j'y ai effectué m'a permis d'apprendre la gestion d'un bâtiment communautaire.

Après ce stage, je rentrai à Saint-Jérôme pour démontrer la faisabilité de la transformation d'églises dans notre communauté. Je réussis à convaincre l'administration du FABRIQUE que c'était la meilleure chose à faire dans notre cas. Les négociations de rachat de notre église qui prirent une année, furent concluantes en 2004 et l'évêque finit par comprendre notre mission. Pendant ce temps, la communauté qui fréquentait l'église s'était agrandie et l'église était plus vivante que jamais. Aujourd'hui encore, pas moins de 1500 personnes passent les portes de cette église chaque semaine.

Une fois que nous étions établis dans l'église, je suis allée effectuer un autre stage auprès du Gouverneur général du Canada. Le travail consistait à former les futurs leaders du pays. Je voulais être certaine que nous avions suffisamment de jeunes leaders potentiels, qui se connaissaient tous et seraient en mesure de travailler ensemble de manière fructueuse.

Chapitre XV

Au courant de cette période, je reçus la foudroyante nouvelle de la mort de mon amie Lizanne. Elle avait développé la maladie de Crohn et en était décédée. C'est toujours affligeant d'apprendre le décès d'amis, parce que ça fait repenser aux merveilleuses expériences partagées avec ces personnes de leur vivant. Lizanne et moi avions maintenu le contact durant des années. Elle avait une fille et nous avons essayé de rester en contact avec elle après le décès de Lizanne, mais chaque fois qu'elle nous voyait, elle en éprouvait une intense émotion, alors elle prit ses distances progressivement.

À l'hiver 2004, je décidai, à la dernière minute, d'accompagner ma mère au Mexique. J'étais là-bas avec elle lorsqu'un tsunami a frappé le Sud de l'Asie. Je me rappelle ma profonde tristesse en apprenant toutes les morts qu'il y a eu. Dès mon retour au COFFRET, mes collègues m'informèrent que, durant mon absence, l'évêque avait demandé à me voir de toute urgence. Je rassemblai mon courage et me dis : « Je n'ai pas peur du pape, alors je ne peux pas avoir peur de l'évêque ».

Quand je suis allée le voir, il me dit : « Line, nous devons organiser une prière pour tous les enfants morts dans le tsunami. Tu es la seule qui puisse le faire. » J'étais si étonnée qu'après tous nos différends, il accorde enfin de la valeur à ce que je faisais et qu'il trouve que j'étais la personne la plus fiable pour gérer certaines affaires. À partir de ce jour-là, nos relations se sont nettement améliorées.

Vers la fin de l'automne 2005, mon frère Michel est décédé de complications liées à sa maladie. Il savait qu'il pouvait mourir à tout moment à cause du type d'hépatite qu'il avait, mais il ne s'attendait pas à partir à l'âge de 50 ans. Ce fut terrible. J'étais dans un état de choc et d'incrédulité totale. Quant à sa femme et à ses deux enfants, ils étaient désemparés. Je ne pouvais pas m'empêcher de penser que j'étais si occupée à prendre soin de la communauté, que j'ai négligé mon propre frère. J'entrai dans un état de profonde tristesse dont je n'arrivais plus à sortir. Jin et sa mère vivaient avec moi en ce moment, mais malgré le fait qu'elles me tenaient compagnie, je n'arrivais pas à fuir le terrible sentiment d'une perte irrémédiable.

Nous avions été élevés dans la religion catholique, mais mon frère ne voulait pas de service funéraire à l'église. Il avait juste souhaité que son corps soit exposé à la maison mortuaire et ensuite incinéré. Jin, sa mère et moi avions pris des bougies pour les placer près du corps de mon frère, mais le funérarium nous l'interdit. L'explication qu'on nous a donnée est qu'aucun type de feu n'était permis à l'intérieur du bâtiment. Aucun de nous ne comprenait ce qu'était devenue notre société quand on nous dit que, dans un lieu de deuil, il n'est pas permis d'allumer des bougies. C'était la première fois qu'il n'y avait pas de funérailles à l'église pour un membre de notre famille, alors nous nous sommes dit que nous devions faire quelque chose pour lui. Mon plus jeune fils invita la famille et les amis proches chez moi. Nous avons prix quelques bouteilles de spiritueux au magasin de la SAQ, et nous sommes alors tous assis et avons tenu une veillée pour mon frère. Ce n'était pas une tradition à laquelle nous étions habitués, mais dans le temps, c'était le seul moyen que nous avions trouvé pour surmonter le choc de son décès.

Nous étions tous très proches de la femme de Michel, mais après sa mort, elle déménagea plus au nord, à Saint-Lin, avec son plus jeune fils et je ne les vois donc plus aussi souvent. Comme elle ne sait pas conduire, il lui est difficile de se rendre à Saint-Jérôme. Le fils aîné vivait déjà non loin de chez moi et il est resté dans le coin. Je le gardais quelques fois quand il était petit et nous sommes demeurés très proches.

Après la mort de Michel, j'ai beaucoup souffert et je n'arrivais pas à m'arrêter de pleurer. J'étais consciente d'avoir de nombreuses responsabilités. J'avais beaucoup d'employés et j'étais impliquée dans plusieurs organisations et comités. J'eus de plus en plus de mal à prendre des décisions parce que je n'arrêtais pas de me demander pourquoi je ne m'étais pas mieux occupée de mon frère. Je me disais que j'avais pris une mauvaise décision et que cela me hantait. J'avais besoin de m'éloigner un peu pour reprendre mes esprits et pour me retrouver, mais je ne savais pas trop où aller. C'est alors que je rencontrai une amie, Hélène, qui me dit qu'elle allait à Abu Dhabi pour son exposition. Je me suis dit que c'était un signe du ciel et qu'y aller me donnerait une meilleure compréhension de la foi musulmane et me permettrait de voir comment les Orientaux vivent. Je dis à mon amie que j'y allais avec elle.

Aussitôt ma décision prise, je sentis mon énergie revenir, parce que je croyais que cette expérience me ferait sortir de mon état dépressif. Ce même jour, la sœur d'un des amis de Michel m'appela pour me présenter ses condoléances. J'informai cette dernière de mon imminent voyage sur Abu Dhabi. Elle me dit que son frère était pilote pour la compagnie aérienne Emirates et qu'il vivait dans une résidence de fonction, près de Dubaï. Il me fit parvenir ses clés par la poste, pour que j'occupe son appartement tout le mois, étant donné qu'il serait absent pendant ce temps. Je ne pouvais pas croire la chance que j'avais. Je me suis dit que c'était une bénédiction.

Je me mis à planifier mon voyage. Je l'envisageais comme un temps où je pourrais me ressourcer pour mieux affronter les défis à venir et accepter ceux que j'avais récemment rencontrés.

En attendant, j'avais constitué une équipe et organisé un carnaval local à Saint-Jérôme. Beaucoup de nouveaux immigrants et de réfugiés venus de climats plus chauds demeuraient enfermés chez eux tout l'hiver, parce que pour eux, il faisait trop froid pour traîner dehors. Pour moi, cela n'avait pas de sens, alors je m'étais dit qu'un carnaval serait un bon moyen de les motiver à sortir de leurs maisons. Nous avions prévu plusieurs sortes d'activités, comme la course de traîneau à chien. Le carnaval devait avoir lieu le 10 février, qui était aussi le jour de mon anniversaire. Au cours d'une réunion du comité d'organisation, il fut décidé que nous allions ramener une vieille tradition, celle qui consiste à sacrer une reine du carnaval. Pour cela, nous avions prévu un bal pour lequel nous avions demandé aux candidates de porter des robes aux couleurs de leurs pays respectifs. L'une d'elles serait désignée reine du carnaval lors de la soirée. La salle de bal, avec son tapis rouge et décorée de ballons, accueillit 250 personnes ce soir-là. Ma fille Jin représenta la Chine. Chacune des filles devait faire une brève présentation et vers la fin de la soirée, chaque membre du public devait voter pour sa préférée. Après le comptage des votes, nous étions ravis d'apprendre que Jin était l'élue.

Ce fut une agréable soirée et à la fin, la mère de Jin me déposa à l'aéroport avec tous mes bagages, vers 2h du matin. Mais, une grosse tempête de neige se déclencha et mon vol fut annulé. Il s'écoula plusieurs heures avant que nous ne prenions un premier vol pour New York et une fois là-bas, il fallut attendre à nouveau, toujours à cause des conditions météo. Nous sommes restés bloqués 36 heures à l'aéroport de New York.

J'étais la seule femme de race blanche voyageant seule, au milieu d'Arabes et de Juifs, sur ce vol d'Emirates qui, dans le temps, était la compagnie offrant les vols les plus directs vers le Moyen-Orient. J'étais si fatiguée et j'avais besoin de dormir. Je me rendis aux toilettes et là, m'assoupis un peu en me cramponnant à mes bagages. Puis je décidai de trouver une autre option. Il y avait dans l'aéroport, une mosquée, une synagogue et une petite chapelle. La mosquée et la synagogue étaient remplies, mais pas la chapelle. J'y entrai avec mes bagages et m'endormis là, comme une sans-abri. Je me réveillai en sursaut au son d'un grand bruit. C'était le concierge, refermant la chapelle. Je courus pour l'informer de ma présence et il me laissa sortir, après m'avoir rappelé qu'il n'était pas permis de dormir dans la chapelle.

Je remerciai Dieu de m'avoir permis de sortir de la chapelle, parce qu'à peine quelques heures plus tard, nous embarquions pour Dubaï.

Je voyageais seule parce que mon amie Hélène et moi avions prévu nous retrouver à Abu Dhabi. La nuit était bien avancée quand j'arrivai à Dubaï. Je ne parlais pas arabe et tout ce dont je disposais, c'était un plan de l'adresse de la maison. Je m'approchai d'un taxi avec la carte, mais il ne voulut pas me prendre, car personne ne voudrait conduire une femme seule. Je voyais la perplexité sur les visages, du fait que je n'étais pas accompagnée par un frère, un père ou un époux. Je restai là, à argumenter et à les implorer de me conduire à la maison et après plusieurs heures de négociation, un vieil homme accepta de me prendre. Ne comprenant pas ma carte, il demanda l'aide des autres, pour avoir une idée de l'endroit où se situait la maison.

J'étais émerveillée en arrivant. Ce n'était pas une maison, c'était un château. Une fois installée à l'intérieur, je n'arrêtais pas de penser à quel point elle était belle.

Aux premières lueurs du matin, alors qu'il faisait encore noir, j'entendis des "Haaalllaaaahhhhh" criés et je m'éveillai en croyant qu'il y avait des esprits dans la maison. J'ai eu pas mal

---

d'expériences liées aux esprits dans ma propre maison au cours des trente dernières années. Je parcourus la maison pour trouver l'endroit d'où le bruit parvenait, mais comme il avait cessé, je ne pus rien trouver. En allant me promener plus tard ce matin-là, je découvris qu'il y avait une grande mosquée juste à côté du "château". Le bruit qui m'avait réveillé, c'était l'appel du muezzin aux fidèles, pour la première prière du jour. Ainsi commençait mon séjour à Dubaï. Il fut si extraordinaire!

Un jour, Hélène et moi avons loué une voiture pour nous rendre dans l'ancienne capitale du Sultanat d'Oman, Nizwa. Une forte pluie avait causé la fermeture de certaines routes. Nous nous étions perdues et étions arrivées à de superbes ruines que personne n'a pu dater. Il fallait trouver le chemin de retour, alors nous avions établi un raccourci à travers le désert. Dès que nous avions pénétré les dunes de sable, notre voiture se cala. Cela me rappela les conducteurs amateurs que je voyais s'enliser dans la neige au Québec.

Tout d'un coup, deux 4x4 géants arrivèrent avec huit jeunes Omanais à bord. Nous ne parlions pas arabe, mais le chef du groupe nous fit comprendre qu'il pourrait nous aider. Il demanda les clés de la voiture, que je lui remis avec beaucoup d'hésitation, quand bien même je savais que je n'avais pas vraiment le choix. En l'espace de deux ou trois secondes, il dégagea la voiture, mais ne voulut pas nous en redonner les clés. Tous les autres gars rigolaient et moi ma pression montait.

Je criai à Hélène d'entrer dans la voiture et de se mettre sur le siège du passager. J'agrippai le gars et le tirai hors de la voiture, puis j'y grimpai rapidement et fis demi-tour, dans un nuage de poussière. Je roulai à la vitesse maximale, en direction du village. Les gars grimpèrent dans leurs voitures et se mirent à nous suivre. Nous traversâmes le village en trombe et rejoignîmes l'autoroute nationale, puis je roulai encore sur quelques kilomètres, avant de me sentir suffisamment en sécurité pour m'arrêter sur le bord de la route.

Nos cœurs battant toujours la chamade, nous avions alors pris une profonde inspiration, puis ri aux éclats de notre mésaventure. Je crois que le courage que j'ai eu de tirer ce jeune Omanais hors de ma voiture m'est venu de mon expérience avec les réfugiés du Kosovo. Il a fallu que je parvienne à me détacher de la réalité de la situation, pour poser un acte au-dessus de mes capacités naturelles et de mon degré de tolérance et faire preuve d'une autorité et d'une force dont je ne me croyais pas capable.

Line à Dubaï

Globalement, mon expérience à Dubaï a été merveilleuse. Je n'avais pas eu de contact direct avec la culture islamique, jusque-là. Bon nombre de femmes portaient le voile et les hommes s'habillaient différemment de ce que j'étais habituée à voir, mais c'est dans ce pays que je me suis retrouvée. Je rentrai au Québec, guérie de mon deuil et déterminée à avancer.

L'hiver suivant, alors que ma mère avait 76 ans environ, elle voulut retourner au Mexique. Je me rendais compte qu'elle avait atteint un âge où, il lui était difficile de gérer tous les bagages qu'elle emmenait pour le séjour prolongé. Je l'avais accompagnée quelques fois pour l'aider à s'installer dans l'appartement, mais je n'avais pas toujours la possibilité de le faire. Je venais juste de réinstaller le COFFRET à un nouvel emplacement dans l'église et j'étais débordée de travail. Il y avait eu plusieurs problèmes avec les autres organisations installées dans la même église et j'avais quelques autres situations délicates à gérer.

La voix de mon défunt père me suggérait d'accompagner ma mère au Mexique, mais je trouvais que ce n'était pas le moment propice pour moi pour voyager. Un matin au réveil, je vis le passeport de mon père traîner sur la table. Je ne l'avais jamais vu là auparavant, alors j'en ris et dis à voix haute : « D'accord, d'accord, je vais le faire ».

Ce même jour, il y eut un conflit entre deux des organisations avec lesquelles on partageait l'église. Mon bureau se trouvait en haut, dans le clocher et je descendais au même moment où un responsable de l'une de ces organisations montait vers moi, l'air furieux. Je savais que c'était un homme violent. Il se mit à me crier dessus et je pensai à cet instant : « Ouf, Dieu merci je vais au Mexique. Cela me fera du bien et ça fait un bon moment que je n'ai pas été au Pie de la Cuesta ».

Alors qu'il continuait à crier, je continuais à rêver debout. Il dit finalement : « Comprenez-vous? » Et je répondis : « Oui, bien sûr. » Mais je n'avais pas suivi un mot de ce qu'il disait.

J'allai chercher ma mère ce soir-là et sans qu'elle s'en aperçoive, j'avais aussi mis ma valise dans la voiture. À l'aéroport, je me rendis au comptoir de la compagnie aérienne pour voir s'il y avait de place sur le vol. Mais on me dit qu'il était plein. Ma mère demanda : « Qu'es-tu en train de faire? » Je lui dis que je l'accompagnais au Mexique.

Je demandai à parler au responsable en poste pour qu'il me confirme que le vol est plein. À contrecœur, l'agente de comptoir fit venir son supérieur et je le convainquis de me trouver une place sur le vol. Ainsi, j'accompagnai ma mère qui en était très contente parce qu'elle avait plusieurs bagages dont elle ne pouvait s'occuper seule. Une fois à Acapulco, il fallut faire le ménage dans l'appartement et défaire les cartons, comme si elle y emménageait pour la première fois. Il en est ainsi chaque année.

Le lendemain matin, je l'emmenai au Pie de la Cuesta où, sur la plage, douze magnifiques dauphins nous donnèrent un beau spectacle. Je le vis comme un geste de mon père, me remerciant d'avoir accompagné ma mère au Mexique.

Sur le chemin du retour vers notre hôtel, je vis un signe indiquant l'ouverture d'un nouveau site archéologique, en dehors d'Acapulco. Comme j'adore visiter ce genre d'endroits, je décidai d'y aller dès le lendemain. Ma mère me le déconseilla, en me rappelant que je ne parlais pas espagnol et qu'il était dangereux de m'aventurer toute seule.

Je me levai tôt le matin suivant et demandai au personnel de l'hôtel où je pouvais prendre l'autocar. L'arrêt était bondé de Mexicains. Je grimpai dans le premier autobus arrivé, mais le chauffeur me regarda et dit : « Non, non, non ». Puis, il referma la porte et démarra.

J'attendis vingt minutes, l'autobus suivant. Je vis quelques Québécois monter à bord et me dis que je pouvais le prendre aussi. Mais une fois de plus, le chauffeur dit : « Non, non, non ».

Celui-là aussi referma la porte et démarra. J'attendis le troisième autobus et le même scénario se reproduisit. Je ne comprenais pas pourquoi je ne pouvais pas prendre l'autocar. J'abandonnai mon projet et retournai à l'hôtel à pied. Comme c'était un long chemin, je m'arrêtai par moments, pour visiter des musées d'art local. Je rentrai en fin de journée et ma mère, soulagée de me voir, s'écria :
« Oh! Te voilà enfin. Dieu Merci! »

Je lui demandai : « Pourquoi ?»

Elle répondit, « Après ton départ, je racontai à quelques personnes que tu es partie voir le site archéologique. Tous me dirent que des touristes avaient été kidnappés à cet endroit et qu'il était extrêmement dangereux de s'y rendre seul. Je priai ton père de t'empêcher d'y aller ».

Je lui répondis : « Et il l'a fait. J'ai été poussée hors de trois autocars».

Je gloussai en pensant à la façon dont mon père demeurait proche de moi, même en étant devenu un esprit, et continuait à m'aider en toute circonstance. Nombre de fois au fil des années, ses anciens amis m'ont rendu visite et demandé si je n'avais pas besoin d'aide avec quelque chose de spécifique. Et chaque fois, c'était exactement l'aide dont j'avais besoin. Et moi je savais que c'était mon père qui envoyait ses amis pour m'aider.

Sur cette image: ma mere, dans sa jeunesse

En 2007, je suivis des cours à l'Université de l'ONU à Strasbourg, en France. Le campus est situé sur les berges de la rivière qui traverse la ville. Dans cette session sur les Nations Unies, nous étions 50 étudiants venus de partout dans le monde. Nous menions une étude sur la vie des réfugiés dans certaines parties du monde. Ce que nous avons appris sur ces réalités pourrait détruire une âme. À la pause, nous étions sortis nous asseoir sur une petite colline. Nous étions tous silencieux. Bon nombre d'entre nous avaient pleuré et nous avions besoin de rassembler nos esprits. Nos regards étaient portés sur la vallée et, je me souviens, c'est en ce moment partagé avec ce groupe de visionnaires, que j'ai retrouvé ma force et envisager avec impatience ce que nous pouvions accomplir en ce monde.

Pour pouvoir atteindre mes objectifs, j'ai souvent besoin d'y réfléchir seule et d'élaborer des plans. Bien souvent, je me suis sentie seule avec ma vision internationale des choses. Mais en ce moment-là, sur la colline, je réalisais que je n'étais pas seule. J'avais toujours su qu'il y avait peu de gens dans le monde qui, comme moi, se sentaient concernés par le sort de l'humanité, mais à partir de cet instant précis, je ne me suis plus jamais sentie seule.

On annonça à notre groupe, que le Canada, l'Australie, la Nouvelle Zélande, les États-Unis, la Norvège et le Danemark venaient de signer un accord pour vider les camps de réfugiés Bhoutanais au Népal. Aucun de nous n'avait idée à l'époque, de ce qui s'était passé au Népal.

Une jeune cinéaste suédoise du nom d'Annika Gustafson a passé de nombreuses années au Népal et visité des camps de réfugiés. Ce qui la poussa à réaliser un documentaire intitulé *"Temps mort"* et qui remporta le Grand Prix au Festival de Films Sur les Droits de la Personne de Montréal, en 2008. Cette jeune cinéaste fit pression sur les Nations Unies par rapport à la situation de ces réfugiés. Certains parmi eux avaient déjà passé vingt ans dans ces camps. Le HCR exhorta alors certains pays à accepter les réfugiés et faire fermer les camps.

Le Bhoutan est un pays situé dans l'Est de la chaîne de l'Himalaya, faisant frontière avec l'Inde, la Chine et le Népal. C'était une monarchie absolue, aujourd'hui devenue une monarchie constitutionnelle, dirigée par un roi. En 1972, un nouveau roi accéda au trône, suite au décès de son père. Le nouveau roi a fait ses études en Angleterre et s'aperçut que beaucoup de monarchies se transformaient en démocraties. Au sein d'une démocratie, c'est la majorité qui l'emporte. Il se dit que, pour maintenir le pouvoir, il fallait qu'il prenne certaines mesures, dont l'une était de s'assurer que sa nation est homogène.

Durant le règne de son arrière-grand-père, des Népalais avaient été invités dans le pays, pour cultiver les terres inhabitées du Sud Bhoutanais. Ce roi voulait que son pays soit autonome sur le plan agricole. Les Népalais sont venus, ont défriché les terres et fait pousser des cultures pour nourrir le Bhoutan. Ils étaient là depuis trois générations et bon nombre de leurs enfants étaient Bhoutanais, étant nés dans le pays. La majorité n'avait jamais été au Népal.

Le nouveau roi voulait une nation homogène au sein de laquelle tous les citoyens seraient bouddhistes et parleraient bhoutanais. La plupart des Népalais étaient hindous et parlaient népali.

En ce temps, le Bhoutan avait une population de 800 000 habitants, dont 116 000 étaient d'origine népalaise. Le nouveau roi imposa des changements radicaux pour la minorité non bouddhiste et comme celle-ci ne voulut pas s'y plier, il se créa une séparation territoriale entre le nord et le sud du pays, avec la majorité constituée du roi et des Bhoutanais d'origine se logeant dans la partie nord. Le roi donna aux Népalais, un délai pour changer leur religion, leur code vestimentaire et leur langue maternelle, sous peine de se voir expulsés du pays. La situation se détériora rapidement et beaucoup furent emprisonnés, torturés et tués. D'autres furent forcés à quitter le pays. Le Népal ne voulut pas les reprendre parce qu'il avait déjà accueilli beaucoup de réfugiés tibétains et ne voulait pas non plus un déséquilibre ethnique plus poussé.

Ils se retournèrent vers l'Inde, mais cette dernière les rejeta aussi. Il ne restait pas d'autre alternative que de s'installer dans les camps de réfugiés au Népal, situés près de la frontière entre le Népal et l'Inde. Un grand nombre de ces gens sont restés dans ces camps pendant près d'une vingtaine d'années.

De Strasbourg, je me suis dit que ce serait une bonne chose de changer l'origine des réfugiés et de prendre des Bhoutanais. Mes collaborateurs approuvèrent l'idée et c'est ainsi que nous avons commencé à venir en aide à des Bhoutanais déplacés.

Ayant lu des informations sur *Temps mort* dans un journal, j'ai appelé Annika pour lui demander de venir à Saint-Jérôme, nous aider dans les préparatifs pour accueillir les réfugiés Bhoutanais en provenance du Népal.

Le gouvernement nous avait fait comprendre que le processus de transfert de ces réfugiés prendrait trois années. J'allai voir les autorités et leur dis : « Mais voyons, je ne peux pas laisser ces gens dans ces camps plus longtemps. Ils sont restés bloqués dans ces endroits pendant vingt ans.» Elles me dirent encore et encore, que les formalités avaient été remplies et qu'il ne leur restait plus qu'à attendre. Je demandai : « Attendre quoi? »

À force de leur mettre la pression, je finis par obtenir gain de cause et nos premiers réfugiés arrivèrent beaucoup plus tôt que prévu, en 2008.

Il y avait six familles à bord du premier avion. Il était évident que le long voyage les avait exténués. Quand je vis une dame du nom de Bishnu, accompagnée par ses deux filles, j'eus l'impression de la connaître depuis très longtemps. Elle m'apparaissait comme une sœur que j'aurais eue dans une autre vie. Rupa était une autre, jeune fille, très douce et seule responsable de ses jeunes frère et sœur. Je m'assurai qu'ils soient jumelés avec une famille d'aide à l'intégration expérimentée. Je demandai à l'un des pères, du nom de Nandu : « Que comptez-vous faire au Canada? » Il répondit : « Devenir un citoyen ».

Leur seul but était de détenir un passeport et d'appartenir à un pays.
Au fil du temps, j'ai remarqué que le plus difficile pour beaucoup de Bhoutanais, c'est l'ajustement au fait d'être libres, libres de penser et libres de se marier par choix. Ils parlent toujours en termes de "Nous" et n'utilisent jamais le pronom "Je", comme s'il n'existait pas. Il y en a qui ont conservé des mentalités et des comportements archaïques, même après le processus d'intégration. Une seule fois, il est arrivé que des parents veuillent tuer leur fille parce qu'elle voulait épouser un homme qui n'avait pas été choisi par sa famille. Dans des cas pareils, nous passons plus de temps avec les personnes pour leur expliquer que les règles de conduite sont différentes ici.

Quand je songe à ce que le roi du Bhoutan a fait subir à tous ces gens, je ne peux que qualifier cet exode massif que de crime contre l'humanité. Il n'a jamais été puni pour ce crime. Et il chante que le produit intérieur de son pays est basé sur le bonheur. Le Bhoutan a même été qualifié de "pays le plus heureux du monde" et pourtant, nul n'ose évoquer les atrocités qui ont été commises contre la minorité ethnique népalaise.

Les Népalais sont des gens pacifiques et en discutant avec eux, on découvre qu'en dépit des nombreuses années passées dans les camps, ils ne veulent pas de vengeance et beaucoup ne paraissent même pas en colère contre le roi, parce que ce ne sont pas des attitudes propres à leur culture, ni à leur identité. Pendant des années, la communauté internationale n'était pas au courant de leur situation.

En 2009, je suis allée en Pologne pour la Journée internationale de la paix. C'était dans le cadre d'une conférence d'une semaine organisée par la Communauté de Sant'Egidio, à laquelle je m'étais arrangée à prendre part. J'ai pu voir de mes propres yeux, comment le rassemblement de divers groupes religieux peut conduire à la paix et à l'harmonie. Tous les participants s'exprimaient facilement et librement et je fus motivée à ramener ce concept de relations interreligieuses à Saint-Jérôme.

Au fil des années, j'ai entretenu un jardin à l'arrière de ma maison. Il recouvre un immense espace. En 2013, en ma qualité de membre d'Amnistie Internationale, j'ai participé à la cérémonie annuelle de plantation d'un arbre, à la Place de la Paix, à Saint-Jérôme. Cet arbre fut nommé *Sœurs par l'esprit,* en hommage à 600 jeunes filles et femmes des Premières Nations portées disparues au fil des ans, dans l'indifférence générale.

Après la cérémonie, il y eut un déjeuner au cours duquel étaient présents, entre autres, le président d'Amnistie Internationale, une mère de clan appelée Madeline et un chef autochtone qui proposa de me montrer son jardin. Il y a dans le parc, une centaine de parterres aménagés pour la communauté. C'est splendide. Je lui dis que je voulais aussi lui montrer notre jardin dans le parc. Tous me suivirent et le chef dit : « Ah, ça c'est un jardin autochtone ». Une belle amitié est née entre Madeline et moi dès cet instant et nous avons décidé d'être désormais des sœurs. Son influence s'est accrue au cours des dernières années et elle est devenue mon éducatrice en matière de culture des peuples autochtones et des tactiques d'interaction avec eux.

Par exemple, j'ai appris qu'il y a eu au Canada, une loi qui confinait les amérindiens à vivre dans des "réserves" et qu'ils étaient forcés à rester entre les limites de ces réserves. Si certains de ces espaces réservés étaient assez grands pour permettre la chasse, il y en avait plusieurs autres aux ressources très limitées; ce qui avait un impact sur leur alimentation. Ces réserves existent toujours et sont reconnues comme des territoires des Premières Nations.

Or, il se trouve que plusieurs grosses compagnies d'exploitation forestière ou minière "volent" une partie de ces territoires. Par ailleurs, de nombreuses femmes autochtones, surnommées "Squaws", ont été kidnappées, violées et même assassinées. Pourtant, il n'y a jamais eu d'enquête sur ces cas de disparition et de crimes odieux jusqu'à maintenant. La police canadienne, semble-t-il, ne veut pas s'en mêler.

Il y a des bases militaires un peu partout au Canada et mon cousin travaillait dans l'une d'elles. Un jour, il surprit une conversation dans laquelle certains hommes parlaient de vouloir sortir pour prendre des "Squaw". Généralement, cela signifie qu'ils allaient trouver une femme indigène et la violer collectivement. Si ce crime existe encore de nos jours, c'est parce qu'il n'y a jamais eu d'arrestation. Il est répugnant de savoir que de tels crimes perdurent dans notre société.

Les amérindiens ont une prophétie dite du Huitième Feu. Elle découle de la prophétie des Sept Feux, qui date d'avant l'arrivée des Européens au Canada et qui fut écrite sur du Wampum, une sorte de ceinture faite de petites perles, utilisée par les peuples indigènes d'Amérique du Nord. Les wampum étaient utilisés comme moyens d'inscription des traités et des événements historiques. Sur chaque perle, en de petits symboles identiques aux hiéroglyphes, la Prophétie Wampum était transcrite.

Cette prophétie est répartie en sept périodes appelées des "feux". L'un des feux dit que l'homme blanc arrachera des enfants indigènes à leurs familles et les mettra dans des maisons semblables à des orphelinats, pour les empêcher d'être eux-mêmes. Effectivement, il y a eu des orphelinats créés pour éduquer les enfants indigènes selon les préceptes catholiques qui n'avaient rien à voir avec leurs traditions amérindiennes. La prophétie dit aussi que des hommes blancs viendraient à bord de vaisseaux et apporteraient des connaissances qui aideraient les amérindiens à évoluer, mais qu'il y aurait un danger si ces hommes venaient armés.

Le huitième feu, lui, annonce que, si l'humanité s'unit pour rejeter le matérialisme et choisit plutôt la voie de la spiritualité, du respect et de la sagesse, il n'y aura pas d'autres catastrophes environnementales et sociales; et ceci conduira à une ère d'illumination spirituelle.

Ce que je trouve intéressant à propos de la Prophétie des Sept Feux, c'est la justesse des prédictions des amérindiens. Des recherches historiques montrent que leur présence sur ce sol remonte à plus de 35 000 ans, au cours desquels ils n'ont ni pollué la terre, ni endommagé l'environnement. Les hommes blancs sont arrivés il y a à peine 500 ans et ont trouvé le moyen de polluer aussi bien la terre que l'eau.

J'aime l'idée de retourner à leurs principes. En tant que membre du clan de la Tortue, j'ai toujours fait preuve de persévérance dans tous mes projets, même ceux qui prennent plus d'une dizaine d'années pour se concrétiser. Je m'engage souvent sur plusieurs projets à la fois et j'arrive à maintenir l'énergie nécessaire pour conduire chacun d'eux jusqu'à l'aboutissement. Que cela prenne deux années ou vingt années. Voilà ce que c'est que d'être une tortue. J'ai eu une fascination pour les tortues tout au long de ma vie. J'ai chez moi, une importante collection de sculptures et de statuettes de tortues.

Toujours en 2013, le gouvernement Québécois lança une enquête sur les éléments qui constitueraient les fondements de notre société et fourniraient un cadre pour l'intégration des nouveaux arrivants au Québec; une charte de la laïcité.

Je décidai de soumettre une proposition. Je rédigeai la Charte de Champlain; le père de la Nouvelle-France, un grand explorateur, un cartographe et le père fondateur de la ville de Québec et de la Nouvelle France en 1608. Son rêve était de créer une nouvelle société dans laquelle les peuples indigènes et toutes les autres nationalités vivraient ensemble, sur un même pied d'égalité. À l'époque, sa philosophie était révolutionnaire. Il était convaincu que c'était un rêve possible, alors les membres de son équipage commencèrent à prendre pour épouses, des femmes amérindiennes. Le tout premier Chaloux épousa une amérindienne. Je crois donc que nos liens se sont établis depuis le temps de Champlain. Je crois avoir hérité ma façon de penser des amérindiens.

Dans ma proposition, je dis que si le gouvernement veut officiellement établir des valeurs pour le peuple Québécois, il doit inclure les valeurs des peuples des Premières Nations. J'avais contacté une mère d'un clan amérindien et une immigrante haïtienne qui vit au Québec depuis une quarantaine d'années. Toutes deux ont mentionné dans ma proposition que le Québec est constitué de peuples d'origines diverses et que c'est ce qui fait notre identité.

C'était un rapport court parce que je savais qu'il aurait moins de chance d'être lu s'il était long. Je parlai principalement de nos relations communautaires. Quand je présentai mon rapport au Parlement, l'une des autorités me dit que je n'avais pas mentionné le voile des musulmans. Je répondis que pour moi, ce n'est qu'un simple voile, tout autant que des casquettes. J'expliquai que c'est la burka qui n'est pas acceptée dans de nombreux pays, parce qu'elle cache le visage des femmes qui en portent et ressemble à un masque.

J'expliquai que, pour une intégration saine et la démocratie pour tous, il est important que nos visages soient découverts. Je rappelai que l'année d'avant, de jeunes gens masqués avaient commis des actes de vandalisme et de violence dans notre communauté. On ne put les identifier parce qu'ils portaient des masques.
J'expliquai en outre que la tranquillité d'esprit est une question de sécurité publique et qu'on ne devait permettre à personne de terroriser les autres dans les lieux publics sans impunité, à cause du port d'un masque. Et le même principe doit s'appliquer pour le harcèlement de rue.

J'évoquai mon expérience de Strasbourg. On nous avait montré une présentation faite par le lieutenant général de l'armée canadienne au Rwanda lors du génocide de 1993. Malgré ses demandes pressantes, le gouvernement canadien avait refusé d'intervenir dans la guerre. Le commandant avait pris de nombreuses photographies des événements et les avait montrées plus tard dans une exposition. Ce sont des images d'horribles mutilations, de femmes aux seins découpés et des scènes d'une brutalité inimaginable. En voyant ces scènes d'horreur, nous nous étions tous sentis impuissants parce qu'aucun de nous ne savait quel serait le meilleur moyen de combattre les personnes responsables d'un tel carnage.

J'expliquai ensuite que, après le visionnement des photos, j'allai à Paris et fus choquée de voir des personnes habillées comme des zombies, effrayer la foule dans les rues. Des enfants criaient, traumatisés à la vue des faces mutilées qui passaient dans leurs quartiers. Pour moi, ce fut comme avoir toute une tribu de gens mutilés en face de moi et je n'arrivais pas à saisir les raisons qui motivaient un tel acte. C'était comme si ces faux zombies se moquaient des personnes qui se faisaient massacrer dans d'autres pays et je trouvai que c'était une offense à la dignité humaine.

Je suis présentement dans ma cinquante-huitième année, mère de deux enfants et grand-mère de deux petits anges que j'adore et avec qui j'aime passer du temps. Mon engagement envers le COFFRET est très profond. J'ai deux employés chargés d'accueillir les réfugiés à leur arrivée et dépendamment de ma disponibilité, il m'arrive d'aller avec eux pour souhaiter la bienvenue aux nouveaux arrivants.

Line au centre Le Coffret

Quand nous avions commencé à recevoir des immigrants à la fin des années 90, la population de Saint-Jérôme était de 55 000 habitants. En 2014, nous étions plus de 100 000 résidents. Nous avons encore une marge de croissance et s'il le faut, nous avions la possibilité d'engager un processus de développement dans d'autres secteurs de notre région. Nos immigrants s'arrangent pour trouver du travail à divers endroits; il y en a qui déménagent vers d'autres régions, et d'autres qui emménagent d'ailleurs. Tout le processus d'aide à l'intégration n'est pas dévoilé par les médias parce qu'il se déroule de manière pacifique, avec le moins d'histoires possible et je crois que c'est la raison de notre succès.

Le Canada accepte environ 5 000 réfugiés par an, dont le Québec reçoit approximativement 1 800. En 2013, il y avait environ 20 millions de réfugiés dans le monde, en attente de réinstallation. En 2015, ce nombre est passé à 60 millions. Les guerres au Moyen-Orient ont donné lieu à une explosion du nombre de réfugiés en décembre 2013, dans la période de Noël. En raison de cette augmentation dramatique dans les chiffres, le HCR nécessite environ 6 milliards de dollars d'urgence, juste pour pouvoir nourrir les réfugiés. Or, l'organisme ne dispose pas de ces fonds. Nous avons récemment vu la situation atteindre un stade critique en Syrie. C'est la première fois qu'en Europe et au Moyen-Orient, des enfants et des adultes sont morts de faim dans des camps de réfugiés.

Il y a plusieurs années, peu de gens avaient accès à des armes. Mais aujourd'hui, grâce au trafic d'armes et à ses acteurs, les rebelles ont accès à tous les types d'armes qu'il leur faut. La situation est devenue incontrôlable et il y a même des groupes qui échangent des armes contre des matières premières telles que l'or ou le pétrole.

C'est une situation terrible et tout à fait inacceptable et il est de notre devoir de veiller ensemble à la protection des victimes. Le plus difficile, c'est de trouver une solution pacifique. En attendant le jour où cela arrive, nous n'avons pas d'autre choix en tant que société, que d'essayer de venir en aide aux gens dans ces pays, de la meilleure manière possible, tout en essayant de maintenir et peut-être d'améliorer les conditions de vie de ceux qui sont déjà sur notre territoire.

En plus du COFFRET, je suis présentement impliquée dans les vingt-quatre organisations suivantes :

1. Table des partenaires en immigration MRC RDN
2. Comité aviseur en santé
3. Comité aviseur en éducation
4. Comité aviseur en employabilité
5. Comité de régionalisation de l'immigration dans les Laurentides
6. SIPPE Services Intégrés en Périnatalité et Petite Enfance
7. Table de concertation des réfugiés et des immigrants (TCRI)
8. Réseau des organismes de régionalisation de l'immigration au Québec
9. Comité mixte MICC TCRI
10 Table communautaire MRC RDN
11. Coalition d'actions en sécurité alimentaire MRC RDN
12. Table sur l'itinérance Laurentides
13. Comité Habitation MRC RDN
14. Conseil régional de développement social des Laurentides
15. Table des partenaires en immigration d'Emploi-Québec
16. Table de santé mentale régionale
17. Comité directeur régional en itinérance
18. Comité d'Actions Locales (CAL)

19. Hébergement Fleur de Macadam
20. Cité Les 3 R
21. Fondation Communautaire des Laurentides
22. Coalition d'actions en sécurité alimentaire
23. Corporation de Développement Communautaire RDN
24. La Maison Verte

Line dans son bureau au Coffret

Ma mère est aujourd'hui âgée de 86 ans. En dehors d'elle, je suis le seul membre de notre famille qui travaille dans le communautaire. Mes frères et sœur travaillent tous pour des compagnies électriques. Mes deux fils également.

Une fois par mois, nous tenons une réunion familiale et ces moments de rassemblement sont toujours merveilleux. J'ai une table immense et extensible pour de grands dîners. Lors de ces occasions, nous discutons de tout, de la politique à la vie de tous les jours, en passant par les actualités. Quand bien même nous ne partageons pas les mêmes points de vue, il est toujours agréable de partager nos diverses opinions.

Mon ultime but dans la vie, qui s'est révélé à moi depuis mon voyage à Vancouver en 1986, c'est de vivre dans un monde de paix et d'harmonie. J'avais fait un rêve dans le temps, dans lequel il y avait une multitude d'escaliers entrelacés, allant dans toutes les directions. Je marchais avec mes enfants dans l'une des cages d'escaliers et autour de nous, il y avait des gens des quatre coins du monde. Certains portaient leurs costumes traditionnels. Ils nous saluèrent. Je compris qu'ils avaient besoin de moi et je sus que je voulais les aider. De ce rêve, je retirai que dans chaque pays, il y a des gens dans le besoin et qu'il est possible de créer un espace planétaire où chacun vit dans la paix.

J'ai fait un autre rêve dans lequel je marchais à travers un centre commercial très achalandé appelé *Galeries des Laurentides*. Une foudre violente éclata alors, suivie par un assourdissant grondement de tonnerre, puis les lumières s'éteignirent temporairement. Quand les lampes se rallumèrent, tous les individus dans la foule se reconnurent, mais chacun de nous avait changé. Nous étions tous dans un état d'éveil absolu, toutes idées reçues du passé ayant disparu et l'harmonie régna entre nous à partir de ce moment.

J'ai eu une belle vie et je sais que je poursuivrai dans le sens où je me suis engagée et que je laisserai un bel héritage à ce monde. J'espère pouvoir bientôt créer le huitième feu à travers toutes les communautés du monde afin que des jeunes de partout puissent partager leur environnement avec les autres, y compris les sans-abris et créer un lieu de rassemblement, sans préjugés, où tous vivent dans un esprit de solidarité. Ces moments de rassemblement pourraient être l'occasion pour des formateurs professionnels et des guérisseurs de rencontrer des gens dans le besoin et de leur venir en aide. Tous ensemble, dans un esprit de compassion, nous pouvons vivre pacifiquement ensemble dans un monde meilleur.

Chapitre XVI

Vers l'avenir – *Angelique Papadelias*

Beaucoup de belles choses me sont arrivées grâce à ces histoires. J'ai vu l'espoir briller dans les yeux. J'ai vu des gens ouvrir leur cœur pour aider autrui et je chéris l'opportunité exceptionnelle qui m'a été donnée de pouvoir raconter leur vécu et d'être source de changement dans la vie de certaines personnes.

Si vous avez eu du plaisir en lisant ces histoires, partagez-les avec vos connaissances, faites-les parvenir aux medias, ou à vos amis blogueurs, pour projeter ce livre autour du monde.

Un pourcentage décent des redevances de ce livre ira directement pour aider à financer un projet sur lequel Line Chaloux et moi travaillons, qui demande des recherches, des personnes dévouées et une équipe dynamique qui fonctionne afin de permettre aux enfants réfugiés d'avoir un meilleur avenir. L'objectif de ce livre est de comprendre, de partager et de donner en retour à ce monde qui constitue pour moi une demeure sacrée. Mon espoir est qu'on puisse, un jour, en faire une demeure sacrée pour toutes les familles de réfugiés partout dans le monde.

Vous pourez suévre l'auteure via sont site web

www.angeliquepapadelias.com
www.littlescreenbigscreen.com

et aimer sa page Facebook.